燧人氏
—— SUI REN SHI ——

为你钻取
智慧之火
Get the fire of wisdom for you

燧人氏 文
人文智慧译丛

39 个无法逾越的哲学故事

（意）罗伯特·卡扎迪
（意）阿吉尔·瓦其　著

唐　甜　译

SPM
南方出版传媒
广东人民出版社
·广州·

图书在版编目（CIP）数据

39 个无法逾越的哲学故事 /（意）罗伯特·卡扎迪，（意）阿吉尔·瓦其著；唐甜译. —广州：广东人民出版社，2019.8（2023.7 重印）
978-7-218-13740-7

Ⅰ.① 3… Ⅱ.①罗… ②阿… ③唐… Ⅲ.①哲学—通俗读物 Ⅳ.① B-49

中国版本图书馆 CIP 数据核字（2019）第 145053 号

39 GE WUFA YUYUE DE ZHEXUE GUSHI
39 个无法逾越的哲学故事
（意）罗伯特·卡扎迪 （意）阿吉尔·瓦其 著 唐甜 译

版权所有 翻印必究

出 版 人：肖风华

选题策划：钟永宁 汪 泉
责任编辑：汪 泉
文字编辑：刘飞桐 于承州
装帧设计：八牛工作室
责任技编：周 杰

出版发行 广东人民出版社
地 址：广州市越秀区大沙头四马路10号（邮政编码：510199）
电 话：（020）85716809（总编室）
传 真：（020）83289585
网 址：http://www.gdpph.com
印 刷：三河市华东印刷有限公司
开 本：889毫米×1230毫米 1/32
印 张：6 字 数：68千
版 次：2019年8月第1版
印 次：2023年7月第2次印刷
定 价：39.80元

如发现印装质量问题，影响阅读，请与出版社（020-85716849）联系调换。
售书热线：（020）85716833

目　录

加一还是一，一列火车冒上了消失的风险，因为一位女士太小心谨慎了。

人们给予所说的事情正确的权重，并且人们越来越努力地遏制无法制止的爱管闲事先生，他表明了与一个词语等于一千个画面而不是一个画面等于一千个词语的想法相反的看法。

一个反抗的读者被一个简单而无敌的推理的说服，并愿意支付沉重的罚款；很明显，当法律比钻石更难划伤，法律才有效。

第八章 …………………… **147**

由于逻辑原理和决定真假的法则之间的矛盾，承诺是否被遵守最终成为了一个悬置的问题，这取决于逻辑原理以及统治着真和假、已知和未知的法则，并挑战着读者去跨越无法逾的难题，从而做好准备迎接最终章的烟花。

结　尾 …………………… **175**

一个永恒的道理是，在热情高涨地引导人们进入文化事业之前，最好进行一次简单但一丝不苟的对逻辑法则的复习。

下面的这些故事并不一定都是真的。不过，它们也可能就是真的，如果是这样的话，我们邀请**读者**①您去思考其中的含义。相反，如果大家认为它们不是真的，或者某些故事不仅缺乏**真实性**，而且缺乏**可能性**，那么我们肯定会很愿意就此作罢。但眼下，我们肯定要介绍——

第一章

　　事物的**原因**和人类的**自由**是一个令人惊奇之谜，在以自己的方式解决了这个谜题后，第一个角色立即退场了；有人面临着一些与**原因**和**时间**相关的重要的形而上学的问题，尤其是是否可以建造一辆回到**过去**的机器，在**过去**旅行是否会引起**现在**情况的变化；最后，两个角色出场，对**进球积分统计**的原则提出了一种无懈可击的修改方式。

---

① 原文 il Lettore 大写表示强调，以下的加粗均出于同样原因

88号房间

"劳拉？哈喽，是我。我刚到。等你下班回来了，我再给你打个电话好好聊聊。我先给你留个言，就是想告诉你这次旅途顺利，酒店也相当好。房间很大，光线充足。美中不足的是会有一点回声（我能听到我自己声音的回声），不过不要紧。现在我去洗个澡，然后出去散步，探索一下周围的环境。从车站过来的时候，我就看到公园了，还有通往大海的沙滩。"

"嗨，劳拉，还是我。你真应该来看看这个房间里的镜子。它巨大无比，占据了整个墙壁，而它正对面的墙壁带窗户，所以会让人觉得环境比实际上更宽敞更明亮。这就是你想重新设计工作室的原因吧，不是吗？好吧，我必须说我认为这绝对是一个好主意：房间看起来真的大了两倍。我们等会儿再聊这个。"

"劳拉，你在哪里？你有没有听到我的留言？我还没有出门，也许我最好先休息一下。镜子绝对是惊人的，值得一看。我想知道他们是怎么设法把它弄进房间的：不可能从门通过。也许他们是在砌成其他墙壁之前安装了它。它直接固定在墙上，没有支撑，表面非常干净，纤尘不染。镜中的图像如此清晰以至于看起来就像真的一样。你觉得在我们那儿也可以找到类似的东西吗？拜托，一回来就给我打电话。"

"抱歉，又是我。希望我没有堵塞答录机。事实上我还没有眯上一会儿：这个镜子让我很烦恼。我非常仔细地观察了它，它简直太完美了。不仅如此。我试着摸了摸它，但没有指纹留下。通常，如果你触摸玻璃表面，会留下一个印的，不是吗？可是，在这面镜子上，看起来就好像你根本没有触碰到它。它是什么材料做成的？我承认我还试图抓它，但什么也没抓到。另一件奇怪的事：在这面镜子上不能写字。我用一支很粗的不可擦除记号笔试过了。什么都没写出来！"

"喂，劳拉？现在你会说我疯了，但我开始怀疑这根本不是一面镜子。没有这样的镜子。我开始怀疑那里什么也没有，我在镜子里看到的东西实际上就是现实中真实存在的。就好像有一个平面将房间分开了，分成了两个绝对对称的部分。问题是我不能去另一边检查，否则我就会与那边的我的形象发生冲突。事实上，我不知道该怎么说，但我担心这根本不是我的形象。我担心这是跟我轮廓一样、动作一样的另一个人，他甚至连行动都和我同步！这是什么样的笑话啊？"

"劳拉？劳拉？表面摸起来是热的！"

"劳拉，你为什么不给我打电话？我真的很担心。我做了无数次测试，但是没有办法：里面的那个人做着和我一模一样的动作。他复制我的每一个细节。唯一的区别是我用右手做的动作，他用左手做。当然，他的手表也戴在另一只手腕上。"

"我忍不住又给你打电话了。我在这里待了四个小时，感觉就像待了一辈子。或许我应该说：我们已经在这里待了四个小时。显然有两个我。也许也有两个你。否则他这会儿是在给谁打电话？我确信我们不仅会做同样的动作，而且我们也有同样的感受，也许还有同样的担忧。劳拉，不要笑，但是我认为这个"镜子"是一种看不见的边界，它将两个完美对称的宇宙分开。这是我们的宇宙与它的复制品之间的边界。现在我出门去，我试着找找看这个边界是否继续延伸到了外面，还是说它只是这个房间的鬼把戏。"

"嗨，依然是我。我没有出去，因为我觉得无法承受。至少在这里，我有一种能掌控局面的感觉：我控制着他所有的动作。他就像我的复制品，就像一个我能让他随我的想法和心意移动的木偶。"

"劳拉，如果他才是控制我的那个人呢？如果我才是他的傀儡怎么办？不过，我还是觉得我能完全自由地做我想做的事情，就像我一直做的那样。那个决定打电话给你并且留给你所有这些信息的人是我。那个决定转一下身的人是我，如果我想的话。或许我们同时既是自由的，又受到控制？劳拉，请你一回来就给我打电话！"

"你在哪里呢，劳拉？我必须做点什么。我必须在这里摆脱这一切。问题是我一点也不知道该怎么做。我试着走出门然后走回来，但显然他也是这样做的。"

"他有一把与我相同的枪。我试着不去思考我想射杀他，我告诉自己这样他也不会想到要射击我。但是什么事情都不会发生，对吗？我们的子弹会碰到一起，就在房间的中间。劳拉，给我打电话，这真的是一个噩梦。"

"劳拉？有一种办法能摆脱它，唯一的方式。"

一个无用的计划

尊敬的调查委员会：

对仲裁员们的决定提出异议并不是我们的一贯作风，但关于对我们申请项目资助以建造时间机器的要求的决议，我们必须提出反对意见。委员会否认（并且否认意见是决定性的）我们的项目"从逻辑–哲学层面推演来看是有趣的"，而且认为它，"在应用效果层面没有前景"。鉴于我们不同意以项目的应用前景作为衡量它的科学性的标准，我们感到惊讶的是，竟是这个标准让我们的资金申请遭到拒绝。坦率地说，建造时间机器的应用前景实在是再乐观不过了。比如说可以应用于：

——文化旅游奖励：我们可以带全体师生去近距离观察法国大革命、在金字塔的建造中搭把手以及录制苏格拉底的授课。

——古生物之旅：我们已经收到过许多请求，要求拍摄一系列关于狩猎恐龙的剧集（可是无论如何它们已经灭绝了）。

——以古代为背景的大型电影可以节省大量的制作资金（角斗士会要价多少呢）。

——分析过去的错误，以免将来重蹈覆辙。

——探寻历史的伟大谜团的谜底。

等等等等。你们能找到一个在应用方面更有前景的项目吗？

真诚的

时间机器研究中心

尊敬的时间机器研究中心：

能够使用时间机器来实现你们所说的这些目的，肯定会非常有趣。最好能回到过去为年轻的卡利古拉①提供奖学金，并向他担保一个诚实的艺术生涯，从而使他分散注意力，远离邪恶的意图；能够阻止过去出现过的所有杀戮之手将是绝佳的。总而言之，假设有一天你们真的可以造出时间机器。假设你们回到过去，或者你们派人回到过去。如果知名的历史事件中实际上充满了我们所熟悉的丑陋怎么办？如果你们要去（你们去了），但你们不能干预怎么办？两者之中只能选一个。没有具体的结果证明你们永远无法成功造出时间机器，或是证明你们不会出于一个好的目的去制造它。建议不给你们的项目资助的首要原因是逻辑；另一方面则是道德。

衷心的

委员会

亲爱的委员会：

你们肯定已经注意到我们上一封信中提到的示例并未包含任何可能导致事件自然过程发生变化的情况。事实上，我们的项目源于这样的假设，即可以访问过去，但

① 盖乌斯·尤利乌斯·凯撒·奥古斯都·日耳曼尼库斯（Gaius Julius Caesar Germanicus），罗马帝国第三任皇帝，后世史学家常称其为卡利古拉。卡利古拉被认为是罗马帝国早期的典型暴君。

不可能对其进行修改：已经发生的事就是发生了。这并不意味着我们的时间旅行者们不能亲身参与到历史事件之中，以免改变历史的进程。它只是意味着旅行者们将要在过去采取的行动正是他们本会采取的行动，从他们突然出现在时间机器上开始。相对于旅行者们的主观时间来说，这是一些即将完成的动作，但是相对于历史的客观时间来说，这是一些已经完成的动作。所以逻辑是安全的，道德也是安全的。如果我们真的去找到了卡利古拉，我们也永远无法说服他成为一名画家。我们将不会成功，因为历史上他没能成为画家。我们什么也做不了。

衷心的问候

时间机器研究中心

尊敬的时间机器研究中心：

谢谢你们的澄清。我们理解了改变过去（不可能的）和在过去行动（可能的）之间的区别。但是，这种区别恰恰证实了我们最初的看法：在应用层面，你们的项目毫无价值。如果那些将要去过去的人已经去过了那里，如果他们将要做的事情就是他们已经做过的事情，那么为什么还要投资时间机器呢？

美好的祝愿

委员会

艺术家年轻时

许多人认为Z.是上个世纪最能代表当代抒情艺术的一位伟大诗人，而他的职业生涯至今仍是一个真正的谜。批评家和历史学家从未能解释他在经过了青春期和成年早期生活之后如何能够突然改变生活方式，并致力于那些使他声名鹊起的诗文。没有人能够解释被描述为害羞的会计学生的Z.和那个如今已是有史以来作品被重印次数最多的人之一的Z.是同一个人。不过，我们相信我们最终可以制作出一份能解答谜团的不无重要的档案。这是一封来自Z.的其真实性无可置疑的信件，它指向的日期是1937年5月8日，也就是在最权威的批评家认为诗人创作出他的第一部作品的前几天。下面向大家展示这部分内容，其中我们只略作了少数几处调整。

最亲爱的莱娜：

（其余从略）这名男子今天早上黎明时分出现在门口，而我当时还在床上。一定是利普希茨夫人（Z.居住期间的酒店经理，编者注）让他进来的。他说他叫作（难以辨认的词，编者注）。他穿着很奇怪，说话的方式也有一点奇怪：他肯定不属于这里。他说他来自未来，来自二十三世纪。

"来自未来？"我一边问他，一边迅速扣上衬衫扣，套上裤子。他解释说，他乘坐了一台时间机器，这机器可以让你在时间中来回移动，就像汽车能够让你在一个地点和另一个地点之间来回移动一样。他说，在他的世界里，他是著名的文学史学者，写过许多书，他包里的书中有几本就是他自己写的。他说他花了二十年的时间研究我的作品，他非常荣幸能够亲自结识我。

我让他坐下来，我也开始稍稍整理了一下，因为他看起来不太舒服。"请原谅，房间很乱。"我说。他微笑了一下，继续说话，同时开始用眼睛打量房间。"我是来采访您的，"他说，"在我的时代里，您被认为是所有经典作家中最伟大的。您的诗独具风格，并且有着难以被模仿的创造力。"诗？我愣了一下，只见他继续说道：

"我就读过的高中就是以您的名字命名的。世界各地城市的街道和广场都纪念您。年轻人和老年人都深刻地理解您的作品并能动情地背诵它们。对我而言，能见到您是莫大的荣幸。"我完全无法理解他在说什么。"我冒昧带来了一些我所写的研究您作品的书，尤其是您的早期作品。我还给您带来了一本我主编的对您作品全集的批评版本。"

我刚想说些什么，他又继续说道："如果您没有反对意见，我非常希望能够看看您的私人藏书。关于您的阅读修养的信息是一处巨大的空白，这让评论家和传记作家们都抱怨不已。现在您已经二十岁了，不是吗？大家公认您青年时期的藏书都散佚了。出于这个原因，我想问您，假如您不会觉得我太过冒犯的话，哪些是您最喜欢的作家，哪些是您最喜欢的文本？"我向他展示了我的藏书。他似乎没能从这些作家的名字中发现任何东西。我看到他做了一些笔记，但似乎很失望。"您终将会遇到一些您所喜欢的有风格的大师，和能带给您启发的作家。正是为了澄清您职业生涯中的这一方面我才来看您的。希望您不会觉得我的这一举措过于轻率：任何其他的研究手段都被证明是徒劳的。"我告诉他这次访问对我来说不是打扰，相反，他使我感到非常好奇，但一定是他弄错了。但是他打开了他的一本书，并给我读了一些句子，这些句子讲述的是几年前发生在我和我的兄弟们身上的一些事情。他还给我看了一些照片，当然，照片上的人确实是我。甚至还有一张照片上的我穿着此刻与他说话时一样的裤子和衬衫，坐在桌子边，面前摊开着一本书。我抬头询问是谁给我拍了那张照片，但一阵亮光使我失明。"请您原谅我使用闪光灯。"他说，把那个发出亮光的奇怪装置重新放进了包里。

我倒了一杯咖啡，而他起身开始环顾四周，在乱七八糟中搜寻。"您介意我看看其他房间吗？您知道，我能支配的时间非常少，我希望我能收集所有可能的材料。"我请他向我详细解释一下这件事，但他说道："为了能来见您，我开展了一次非常复杂的旅程。要是您至少可以给我看看您的一些笔记、草稿和放在抽屉里的诗就好了。您不知道要是听说有未发表的材料，世界各地的人会有多高兴。"显然我手头只有一些没有什么重要意义的笔记，但是为了让他高兴我就给他看了。我也给他看了我为你的生日写的诗。他默默地读着它，然后没有作任何评价就把它还给了我。

他似乎很匆忙。他很不耐烦。然后他突然起身跑出门外，甚至没有打声招呼。这确实是个古怪的人。事实上他把他的袋子忘在了这里。还有那些书。我开始浏览它们，我感到很好奇。它们是关于我的，或至少是关于一个和我同名的人。据说在某个时候我开始写十分精彩的诗歌。我试着阅读其中一些内容，我必须说它们非常热烈且动人。我会成为这些文本的作者吗？我会写这些诗行吗？

亲爱的莱娜，在我的客人离开后的很长一段时间我都在想这件事。如果后人们是这样说的，如果他们说的那个人就是我，那就意味着事情原本就是这样，你觉得呢？或者说，那就意味着事情将会如此发生。如果我真的写了所有这些东西，那就意味着我将会写下它们。书上说我还会活很长时间，所以说我不缺时间。我也不缺纸和笔。我无法理解的是，我怎样才能创作出在我的作品全集中读到的诗一样美丽的诗。我把作品集中的第一首诗抄在这儿，这样你就能明白我在说些什么……

传球链

他（放下他正在读的报纸）：我总是觉得标记进球的排名有问题。我觉得他们不公平，有点欺骗性。阿尔多做了一个激动人心的动作，他几乎甩掉了所有人，他被推倒，他英勇地转身，从一个不可能的位置贴地一记怒射。球进了，但仅仅是在对方球队守门员布鲁诺踢到球使得它改变了轨迹之后。

她：乌龙球。

他：就是这样：得分手的排名不会改变，但人们记住的却好像是布鲁诺犯了一个错误。不久之后，阿尔多甩掉了边带上的一串对手，他摔倒了，他再次站起来并按照对角线射球。球再次进入网，但仅仅是在他的队友卡洛背部碰到球使其改变方向之后，但卡洛，原本只是不小心出现在那里的。卡洛得分，球进了。

她：事实上完全不是如此。我不太了解规则，但我猜常识表明事情通常是这样：首先，如果阿尔多是朝着球门射球，那么就是阿尔多得分，即使球是受到守门员或其他球员影响才入网的；第二，如果阿尔多不是朝着球门射球，并且球仅仅是因为被干扰而进入网内，那么得分就被记做布鲁诺的乌龙球（在第一种情况下）或记为卡洛得分（在第二种情况下），无论这种干扰是否是出于自愿。我们先跳过第一个例子，因为它可能还需要更多的讨论。但第二个例子似乎是不容置疑的：如果没有偏差，球就不会进。因此，尽管阿尔多射出了球，但是得分不能归功于他，因为如果没有布鲁诺或卡洛的干扰——尽管并非出于自愿的——球就不会落入网中。

他：等一下。确实，如果不是因为偏差，球就不会进。但同样正确的是，如果没有阿尔多踢出球，球也不会进。

她：如果是这样的话，那就意味着我们对责任或因果关系这类重要概念的直觉出了问题。想一想，说一个人对某一起事故负责是什么意思？这意味着，如果他没有做他所做的事情，事故就不会发生。当我们说某个事件引起另一个事件时，我们的意思是什么？我们是在确认，如果没有第一个事件发生，那么第二个事件就不会发生。到这里为止，一切都很清楚。但是，当行动（或事件）与其后果之间的联系不是那么简单和线性呢？如果没有偏差就没有进球。但正如你所说的那样，如果没有踢出球，也不会有进球。那么责任（或功绩）到底在谁？

他：正是如此。但是，如果我们在责任链中追溯得够远的话，那么我们可能会一直扯到阿尔多的曾祖父。没有曾祖父，就没有进球。

她：你想象一下假如事情是这样。阿尔多对着球门猛射一脚。在他面前，布鲁诺和卡洛站成一列，先后介入。球碰到布鲁诺并最终落在一侧。但假如布鲁诺没有及时赶到，球是无意中被卡洛碰到才发生偏差。这种情况又该说什么？我们会说是布鲁诺避免了进球吗？

他：似乎不是，鉴于球是因为最终碰到了卡洛的身体才偏离的。

她：从另一方面来看，我们当然也不会说是卡洛阻止球入网的：毕竟他什么也没做。

他：那么是谁破坏了阿尔多的射门？

她：像这样的例子是深层次概念的紧张状态的表

现。我打着雨伞走在雨中。我头上还戴着帽子。我的脖子没有淋湿应该感谢谁？不是伞，因为我戴了帽子。但也不是帽子，因为我有一把雨伞。或者：阿尔多朝着商店橱窗扔石头，而布鲁诺在空中抓住了它。商店的老板本应该感谢布鲁诺，但在布鲁诺的身后是卡洛，显然这块石头会先撞到他而不是窗户。他们中究竟谁应该感谢？最后，卡洛什么也没做（他本应该感谢布鲁诺保护他免受伤害）。但布鲁诺拯救的也不是橱窗。

他：我想，在法律案件中，像这样的复杂情况并不少见。

她：无论如何问题先是理论上的，然后变成实际中的。在这些情况中，我们不知道该说些什么。

他：我们为什么不把戈耳狄俄斯之结①劈开呢？我们既感谢布鲁诺又感谢卡洛，我们既感谢伞又感谢帽子，或者更好的是我们感谢帽子和伞的组合，伞保护了帽子。

她：我并不确定这是不是一个好的提议，就像所有戈耳狄俄斯之结的解决方案中一样。双方都会有点不满意。

———————

① 戈耳狄俄斯之结（Gordius`knot，英文Gordian Knot）是亚历山大大帝在弗里吉亚首都戈尔迪乌姆时的传说故事。一般作为使用非常规方法解决不可解问题的隐喻。根据传说，这个结在绳结外面，没有绳头。亚历山大大帝来到弗里吉亚，见到这个绳结之后，拿出剑将其劈为两半，解开了这个问题。

他：我们至少可以利用它来解决得分手排名看起来不公正的问题。所以，我们给偏差的进球平等地计分。如果一次进球是因为在踢出球后遭到了干预才最终入网，我们可以说两者都发挥了作用。双方各得一半的分，无论好坏。

把距离我们的存在方式相当远的情况（重复的世界、时间旅行）与日常生活中的进球积分榜并置，似乎很奇怪。然而，在我们举出的事件中潜伏着一个共同的问题，即因果关系，我们从不同的方面说明它。一个可怜的人在他女朋友的电话答录机里留下了不安的信息，但是他试图思考他的行为究竟是由他自己造成的还是由他的镜像造成的，这完全没有错：什么能帮助他做出判断呢？在开始幻想如果我们能进行时间旅行我们会做什么之前，我们应该考虑一下我们能够做什么：如果在先的变成了在后的，而在后的变成了在先的，我们的行动可能产生什么影响？她和他决定用一种专断的方式来解决有太多原因的问题，即各得百分之五十，但却会让双方都不满意。但不满来自何方？或许我们有关因果关系的认知被这些例子给吓住了？我们遇上的这些疑虑将在接下来的大部分内容中悄悄蔓延。哲学常常源于概念上的紧张状态，或者说源于难以将我们在正常的生活情境中所知道的概念应用于新的或奇怪的情况。我们应该知道如何检验概念的纱线的弹

性，但为了这样做，有时我们必须设想奇妙的
场景，使得这些概念被推到极端。接下来让我
们来到——

第二章

头脑是一个难以捉摸的实体；人们可以在睡梦中说
话，使他们的对话者不知道说话的人是**有意识的**还是无意
识的；口味非常不容易定义；没有回忆，也许我们就不能
再谈论**责任**甚至是**人**；令人不安的爱管闲事者出现了，并
展示出**大脑**比**头脑**更难以捉摸，以至于在移植手术中最好
是捐赠它而不是接受它。

僵尸安眠药公司

（乘务员的声音）请系好安全带。

他（从座位上礼貌地站起来）：请等一下，我让您
过去。这些座位真的很不舒服。

女士：谢谢。我讨厌空中旅行。（打开手提包）我
会马上吃一片药。

他："僵尸安眠药"？它看起来药效很强劲。我想我们的谈话会终止在这里……当我们降落时需要我叫醒您吗？

女士：不，您别担心。这种安眠药消除了意识，但保留了所有其他智力和身体上的功能：我还是能够与您交谈、看电影、填写移民办公室的表格。这是一个用来忍受坐飞机的过程但又不用瘫在座位上睡大觉的好办法。

他：这是什么意思？如果您失去意识，您是不是会陷入深度的睡眠？

女士：从我的角度来看是如此。药片发挥作用，陷入完全的黑暗，药效结束，灯光又重新返回。但从您的角度来看，一切没有任何变化。我能继续跟您说话，以明智的方式回答您，甚至问您问题，而您甚至都不会察觉到有什么不同。

他：我不明白这怎么可能。

女士：有许多描述僵尸的哲学文献：虚构的生物，即使没有良心的光，也能表现出像人一样的所有的效果。我们公司采纳了这个想法并投入了数十亿欧元为僵尸安眠药申请专利。您看，意识是一种非常非常不稳定的现象，只是深深的头脑之海上漂浮的一个泡沫。即使取下泡沫，波浪也不会改变；即使没有意识，头脑也会继续发挥作用。毕竟，大脑是一台处理信息的机器：因为我的眼睛还睁着，我的大脑还能继续记录信息、处理信息、控制我的行为和决定。唯一的区别是，在我的头脑中没有任何地方投映出意识的电影。意识实际上是一种奢侈，一种美学上的一时兴起：正如我所说的那样，是一个非常深沉且深不可测的海洋表面上的一层轻微的泡沫。

他：实际上我读到过，据说只有我们人类才有意识。对于笛卡尔而言，狗和猫就像是自动装置：确切地说就像僵尸一样。

女士：这并不能妨碍我们用不同于对待机器人的方式来对待它们。请您注意，连您也正在以一种完全正常的方式对待我，而不是像对待一个僵尸一样。

他：对不起，请问一下，安眠药需要多长时间才能有效果？

女士：哦，它立刻就会有效。我一服下它就失去知觉了。您可能注意不到，但我正睡得很沉。

他：也就是说您是在睡梦中跟我交谈吗？还是说您梦见在跟我交谈？

女士：梦？我们不要谈论它，否则我们又会从头开始。我的梦与现实没有什么不同（正是笛卡尔说的，梦是意识的一种形态），否则为什么要服用安眠药呢？您看，在我的头脑中，现在其实是全黑的。

他：不知道我是否要继续我们的对话。但是您怎么知道您是睡着还是醒着？

女士：我知道僵尸安眠药是一个很好的产品。因此，我有充分的理由告诉您，此刻我毫无意识，正陷在无梦的睡眠中。请您拿着，读一读说明书。但是，正如我要向您重申的，这对我与我周围世界的互动没有任何影响。或许跟我聊天让您感到无聊了？真抱歉。

他：不，瞧您说的。请告诉我，您为僵尸安眠药公司工作很长时间了吗？

女士：有几年了，怎么了？

他：我很想知道你们的产品是否取得了成功。在我的阅读中，我发现甚至有人认为意识是一种诅咒。不仅仅是在航空旅行中：生活中有很多种情况，我们并不想知道发生了什么，所以发现你们有很多客户也并不让我感到惊讶。

女士：哦，我们是有很多客户。在上飞机的时候，我看到驾驶员们手里也有不少我们的药片。我理解他们：每个月穿越海洋四次是一件非常无聊的事。

他：什么！这架飞机是由两个僵尸驾驶的吗？

女士：您别担心。该药已经过世界各地卫生部门的测试和授权。事实上，既然我看您如此激动，您为什么不也吃一片药呢？

他：谢谢。所以很快我们就会开始两个僵尸之间的对话。如果我想记住它们，我得记些笔记了。

女士：根本没有必要！僵尸安眠药消除了当前意识的影响，但它允许我们在某处记录我们的经历，以便我们以后可以回忆它们。当我们醒来时，我们不会是两个陌生人，而是两个愉快地讨论了一下午哲学的人。而且，如果没有记忆，我们将无法利用生活中的事件来建立我们的个人身份。

记忆部分缺失

寄信人：犯人M.罗西

收信人：监狱长

最尊敬的监狱长，我再次冒昧打扰您以重申我的疑问（请参见我此前在2月10号和21号写的信）。我入狱已经多长时间了？我是因何入狱的？正如我向您解释的那样，十分奇怪的是我既不能够想起我应该为之负责的罪行，也不记得我的审判日期了。能够恳请您仁慈地帮助我吗？

寄信人：医务人员

收信人：贝拉维斯塔监狱长

兹证明，因威尔第丑闻案而关押在贵方监狱中的M.罗西先生在跌倒之后遭受了严重的记忆流失。这是一种不可逆的失忆，所有与罗西先生罪行有关的事件以及他接受审判的过程，这些记忆都缺失了。除此之外，他的所有智力与情感功能都完好无损。

《当地报纸》报道：

据本报特派员报道 在当地的贝拉维斯塔监狱中出现了一个有趣的有关道义的问题。被控犯有威尔第丑闻案的M.罗西，似乎失去了关于自己罪行的记忆。在被关押期间，罗西明确显示出了悔过情节，多次请求对自己罪行的宽恕。作为模范囚犯，他甚至被用来推广一项名为"记忆能力"的倡议，该倡议旨在通过重新设计犯人的记忆从而帮助他们回归社会。监狱长正在衡量如何进行。目前，由于担心带来额外的创伤，监狱方甚至还没能决定这一倡议是否从罗西开始实施。

寄信人：L.威尔第

收信人：贝拉维斯塔监狱长

尊敬的监狱长，我听到消息称，犯人M.罗西愿意失去有关他罪行的记忆。我认为应该使他恢复记忆。此人犯下了玷污我的家庭名誉的可耻罪行，我认为这份记忆的沉重不应该仅仅留给我们承受。该不会仅仅因为现在他忘记了自己的行为就认为这位罗西和犯下罪行的那个人是两个不同的人了吧？我本人也忘记了我过去生活中的很多事情，但没有人会天真地以为我就是另一个人了。个人的身份取决于对过去经历的记忆，这是经验论哲学家们的一个有趣理论，但问题是我们现在并不是在学校的教室里。

寄信人：S.威尔第

收信人：监狱长

尊敬的监狱长，我给您写信是为了表达我对赦免M.罗西先生的大力支持，两年前的八月他犯下了一些罪行导致了丑闻，伤害了我的家庭。我得知了医学鉴定排除所有合理怀疑地表明了罗西先生由于遭受失忆症、不可逆地失去了有关他罪行的记忆。因此我认为要求他为他的头脑中根本没有一丝印象的事件服刑是残忍而不公正的。从这个角度来看，罗西先生无异于某个没有犯下任何罪行，但醒来却突然发现自己在狱中为某个对他来说无法解释的判决服刑的人。

寄信人：犯人M.罗西

收信人：监狱长

尊敬的监狱长，我开始意识到，尽管您令人感激地对我失忆的情况以及我服刑的原因有所保留，我想说我决定坚持服完判决给我的刑期。这是因为，目前我所得到的信息足以使我认为自己是有罪的并且应该服刑，尽管我可能仍然不会对我所犯罪行有任何记忆。事实上任何记忆并不是决定一个人身份的唯一标准，主体也不是决定与他有关事情的唯一裁判员。有关意识和责任的客观情况超越于主体的能力和主体有记忆的事情之上。

来自：总统法律办公室

就请求赦免M.罗西一事：关于个人身份的考虑是合理的，因此有理由认为定罪一般不应取决于行为后主体的心理状况，而只取决于当时伴随的条件（例如，无理解能力）。同样合理的是，如果囚犯没有将有关犯罪行为的记忆与服刑联系起来，那么定罪本身也会失去其价值，因为在这种情况下决定个人身份的条件是不确定的。由于缺乏准确的参考标准，本办公室无法裁决罗西案。因此，要求深入研究确定个人身份的标准以适用相关现行法规。

人格移植

他（停在一扇大门前）：该死的头痛。（情绪激动地，阅读门牌）"Zoom诊所，移植每种器官"。每种器官？这正适合我。（进入）您好。

护士：您需要什么？

他：你们这里做移植手术，是吗？

护士：当然。这是我们的专长。

他：并且是给每种器官，我没理解错的话。

护士：没错。我们是全球少数能够提供完整服务的中心。超过两百多种器官：无论是生命必要的还是辅助的器官，无论是内部的还是外部的器官……任您选择。这是完整的列表。

他：你们也能给大脑做移植手术吗？我非常想给自己换个大脑。

护士：那当然。只需要填写这张表格。出生日期，诸如此类。

他（接过表格，开始填写）：职业……地址……这儿我该怎么写呢?

  护士:告诉我,我来帮您。

  他:表上要求我选择我是希望成为捐赠者还是接收者。

  护士:当然了,您得选择。第一种情况,是您把您的大脑交给一个想要它的人处置。第二种情况,则是您要求一个全新的大脑,您可以在目前可供选择的大脑之中选一个。

  他:不过,谁知道呢……价格差别大吗?

  护士:如果您是捐赠者,您得付给我们一百万。如果您是接收者,我们会付给您一百万。

  他:我的天呐!我一直有很严重的头痛,我非常愿意接受一个另外的大脑。而且,一百万对我来说真的挺不错!所以我选择成为接收者。

  护士:好极了。请在这儿签字……

  爱管闲事的人(从旁边的一个小房间进来,没有敲门):您等一下。

  护士:怎么了?您是谁?

  爱管闲事的人:要我说,您得好好想想。

  他:关于哪件事?

  爱管闲事的人:关于他们付钱给接收者而不是捐

赠者。从什么时候开始一个人把东西给别人时还需要给钱，而收到东西的人还会被付钱？

护士：嗯，有时候也会发生的。比如说，针对垃圾收税：市民们因为送出了垃圾而需要付钱；市政府因为接收了垃圾而被付钱。

他：说得好。就是因为这个原因，我觉得能付钱给我挺好的。如果说我是那个付钱的人，那我的大脑岂不是就像垃圾了吗，是不是？

爱管闲事的人：您也没必要打一个这么鲁莽的比方。总而言之……（电话响了）

护士：这里是Zoom诊所，下午好……请讲……大脑移植？作为捐赠者？好极了……您已经准备好付款了？当然，我们诊所此刻就有一位接收者……我可以问问他吗？好的……谢谢，再见（挂电话）。

他：如果我理解得对的话，我有一个捐赠者了？

护士：正是。如果您同意的话，我们明天就可以全部完成。从这儿离开的时候，您将会有一百万和一个全新的大脑！

爱管闲事的人：您快好好想想吧！拥有一个全新的大脑意味着什么？

他：我想就和拥有一个全新的肝一样，或者一个全新的心脏，或者一只全新的左手。

护士：或者说一切都是全新的！Zoom诊所会把一切都移植！

爱管闲事的人：正是如此。但如果他们把一切都移植了，您还剩下什么？

他：不过事实上我并不想把我的一切都移植。我只想要一个全新的大脑。

爱管闲事的人：您这样想吧，如果他们把除了大脑之外的一切都移植了，这不就像是他们把您的大脑放进一个不同的身体了吗？

他：事实上……

爱管闲事的人：所以说，这就像您才是大脑的捐赠者。所以，回到我们的情况中来，您的大脑捐赠者自动变成了您所处置的身体的接收者。所以您看，当您同意接收一个全新的大脑的同时，您也立即变成了他的身体捐赠者。

他：诶？我签字可不是为了捐赠我的整个身体。不过他还要给我一大笔钱呢！

护士：哎呀，你们也太多事了。您在这里签字，然后就别再想那么多了。

爱管闲事的人：您别想着钱了！大脑可不是普通

的器官。大脑就是您的人格。您不能随随便便地和它分离！

他：我就是我的大脑？这个看法能支持唯物主义哲学家和科学家，但我可没说我同意这一点。我不知道你们Zoom诊所的人……

护士：您也可以现在先移植大脑的一部分，下一次再移植剩下的那部分。我们诊所将大脑的两个半球视作两个独立的器官。价目表上我们付给每个半球五十万，所以总数是一百万。

他：那么我们就这样做吧！

爱管闲事的人：您好好想想。如果您在第一次移植中存活下来，也就是说您的人格和另一半大脑成为了一体。否则的话，从操作层面上来看，那就不是您，而是另一个人。那么我们又回到了开始时的问题：替换自己大脑的一半就等于是捐出了剩下的全部身体。

护士：两种类型的大脑半球移植我们都做过，无论是左半球还是右半球。我向你们保证，在这两种情况中，我们的顾客都完美地存活了。

爱管闲事的人：就她所说的"存活"，我有一点疑问。我们假设就像是她所说的，在这种情况下还是可以推断，不管是先移植的哪半个大脑，这个手术都相当于是捐赠了剩下的身体。

他：但这样的话，我就相当于为了捐赠身体而付了两次钱，数额等于我捐赠一个大脑所收到的钱。我想都不会想的！（停顿）那如果要求同时移植大脑的两个半球，但是来自不同的捐赠者呢？在这种情况下，这两个捐赠者谁也不能享有接收我整个身体的权利了，而我呢就只赚不赔！

护士：当然了，我看这也是一个解决办法。

他：那么事情就搞定了！我应该在哪儿签字来着？

爱管闲事的人：在我看来这是一个糟糕的解决办法。您听我的话吧。大脑不是一个普通的器官，不管您怎么把自己和它分离，它就是您。您与其换一个大脑，不如学习如何使用大脑。

冰淇淋的味道

他：你的冰淇淋怎么样？

她：好吃。开心果和草莓味。你的呢？

他：草莓和开心果味。

她：不是一回事吗？

他：差不多。你有开心果和草莓。我有草莓和开心果。闭上眼睛，我给你尝尝草莓味的。

她（顺从，尝一口）：但这是开心果味！

他：我就跟你说吧，这是两支不同的冰淇淋。

她：好吧。你让我闭上了眼睛，然后你骗了我；你跟我说"草莓味"却让我尝了开心果味的。

他：不对。你看，你尝的是绿色的，然后告诉我它不是草莓味的。

她：等等，绿色的是开心果味的。

他：这只是大家的说法。但我的味觉告诉我，绿色的是草莓味，红色的是开心果味。对你来说，红色的是草莓味，绿色的是开心果味，对不对？

她：难道他们在做你的冰淇淋的时候用了不同的着色剂？

他：不，我们是从同一家冰淇淋店买的。

她（摇晃着手中的甜筒，几乎要让冰淇淋掉下来了）：跟我说清楚。别耍我。你现在是认真的，绿色的味道对你来说是草莓味，对我来说是开心果味。

他：并且反过来也是，红色的味道对你来说是草莓味，对我来说是开心果味。

她：那么这不就是一个名字的问题？或许在你小时候，他们教你称作"草莓味"的，我被教导称之为"开心果味"，反之亦然。

他：我的父母本应该严厉一些，你不觉得吗？所以说这件事不止关于草莓和开心果。

她：你是想说……

他：我想说，那些黄色和多汁的东西，你称之为柠檬，而我称之为醋栗，那些蓝色的小东西，你称之为醋栗，而我称之为柠檬。这就是为什么我喜欢把醋栗放在开心果上，而我却获得了在吃放了草莓的柠檬的印象。

她（无比困惑）：我觉得你搞错了什么……

他：怎么不是，我把所有的味道都搞错了。

她：不，我不是这个意思。在我们的整个讨论中有一件事被搞错了。你告诉我你的父母不严厉，他们教你说意大利语的方式就和教我的一样，不是吗？所以当他们给你开心果味的冰淇淋的时候，他们告诉你"这是开心果味的"。

他：正是如此。

她：当你品尝那个冰淇淋的时候，你尝到了一种味道，对吧？而这种味道，你管它叫做"开心果味"，不是吗？

他：是的。

她：那现在你为什么叫它"草莓味"？

他：因为与此同时一切都改变了！随着我长大，我的口味颠倒了，草莓开始尝起来像开心果，柠檬开始尝起来像醋栗，完全突然的变化。没有什么严重的，在某种意义上它也很有趣。我试验着新的组合。

她：但我怎么才能知道你不是在撒谎呢？

他（一种受到侮辱的神情）：……

她：对不起，别放在心上，我相信你。我只是喜欢保持怀疑态度。

他（还是不高兴）：我可没觉得荣幸。

她：我一直认为，当哲学家谈论这些事情时，那些可能出现的情况只是他们想象出来的。当我发现它并非如此时我很惊讶……但你还是很伤心！

他：我开始觉得或许我真的搞错了，或许我根本没有经历味觉的反转。

她：为什么？

他：或许在我小的时候，我对味道的记忆并不深刻，也许这整个故事只不过是一种记忆的幻觉：我的味觉并没有反转，而是我的记忆反转了。我认为我记得草莓冰淇淋过去的味道与现在不同。

她：当你告诉我，你的味觉发生了反转时，我可以相信你。我可以克服始终伴随着我们对其看法的怀疑。但我不知道你怎么能克服你对你记忆的怀疑。

　　他：我的冰淇淋都化了。

　　她：我的也是……这样也不错，这两种味道混杂在一起，不再存在如何区分它们的问题了。所以至少现在我们可以确定，我们的两种冰淇淋具有相同的味道了。

读者可能会觉得这样是有用的，假定他恰巧出现的旅伴并不拥有一个主观的、内在的生活，他发现对待这个旅伴可以就像是对待一个谁都不是的人。如果这迫使**读者**修改他对人的看法，我们肯定不会反对。相反，让事情更糟的是，我们之前公布了失去记忆的囚犯的通信，在他的例子中，拥有一段过去和认识到这段过去之间的概念上的紧张关系使我们面临一个戏剧性的困境，即如何分配对于**人**这个概念来说如此重要的**责任**。我们也同样不会放过那些在思考有关大脑的问题时试图定义这个概念的人，正如他们在Zoom诊所所思考的那样：冲动的爱管闲事者所提出的问题在我们看来是神圣的。我们不能不同情那些坚持寻求内在的、纯粹主观的标准，以验证他们**主观性**的直觉，除非他们满足于把融化的冰淇淋作为安慰奖。这也可以理解为本章的序言。

第三章

意外情况闯入了现实生活，并且搅乱了我们所有试图恢复**秩序**的努力，使得他们对自己建立起来的关于自我以及整个历史的优美形象感到心烦意乱。

颠倒市的买彩票游戏

他（从车上下来，走向酒吧。酒吧里出来一位带着满意神色的女士。他问她）：请问一下，这里也可以买彩票吗？

女士：当然。

他：那么我就不浪费时间了。我是一个超级狂热爱好者：我非常喜欢试试运气。我想您能理解我……

女士：我也玩，但主要是出于必要。比如说眼下：我需要买邮票，我需要三欧元。

他：我想如果您也是一个幸运的赢家。据我所知，您应该获得了超过三欧元的收入，而且您现在非常满意……

女士：赢？从何种意义上说呢？我很满意我没有输。

他：输？从何种意义上来说呢？在买彩票中怎么会输呢？

女士：在我们这里，彩票是白底黑字的，但我注意到您口袋里冒出来的彩票是黑底白字的。现在我明白了。我看到您来自常规市，在那里人们买彩票是为了赢。但现在我们是在颠倒市，在这里，为了试试运气，我们会收到国家给我们的钱，但有时我们会输。

他：太不寻常了，我从来不知道还有这种挑战命运的方式存在。它是如何运作的？

女士：很简单。只要去拒绝彩票的柜台并要求一张刮刮卡。连同彩票，您还会获得一欧元。您刮开，看看您是不是会输。

他：如果我输了呢？

女士：当然是付钱了。

他：多少钱？

女士：取决于彩票上写的数额。

他：但是如果彩票上写我会输很多怎么办？

女士：输多少就要付多少钱，这很明显。在我看来，最多一百万。

他：一百万？这也太疯狂了！有谁会愿意为了一欧元而去冒穷困潦倒的风险？

女士：我觉得这没什么奇怪的。在我们这里游戏规则就是这样的。

爱管闲事的人（从酒吧的大吧台后面）：我冒昧打断一下，加入冒险元素这个主题启发了博尔赫斯的《巴比伦彩票》，故事中所有那个传说中的城市的居民都将自己的存在放置在命运和厄运的保护之下。这是一种给生活调味的方式。

他：给生活调味？我觉得为了买彩票就去冒失去一切的风险是一件可怕的事。

爱管闲事者（自负的神情）：有些人买彩票是为了赢，但如果胜利伴随着风险，那么人们会更加高兴。真正的玩家是那些凝视着自己的战利品，能够说出乌尔里希·冯·胡滕①的座右铭的人：我勇敢过！

他：可能是吧，但对我来说这完全是荒唐的。一个真正的实打实的俄罗斯轮盘赌。

女士：您瞧，我们颠倒市的人的看法却显然完全相反。我们认为你们的游戏规则才是荒唐的。

---

① 乌尔里希·冯·胡滕（德语：Ulrich von Hutten，1488年－1523年），文艺复兴时期欧洲德意志人文主义者。

他：请问，是为什么呢？

女士：确实，我们中少有的几个人会被坏运气击中，会输掉一些钱，甚至是一大笔钱，但是我们的绝大多数彩票都不会让人失去任何东西。相反，它还会让你实实在在地赢一欧元。您看见了吗，我需要三欧元买邮票，我就让他们给我拿了三张彩票。而这三张彩票上写着，正如我所期待的那样，"你什么也没有输！"

他：而在我们这里……

女士：确实，在你们那里少有的几个人会被幸运的闪电击中，会赢钱，甚至是一大笔钱，但是你们绝大多数的彩票都不会让人赢得任何东西。相反，还会让你们失去一欧元。让我看看您的彩票……果然，"再试一次，你会更幸运的"。我是怎么说的来着？在你们那里，每天有成千上万的人人均损失一欧元，仅仅是为了试试运气。我觉得这有点荒唐，不是吗？

他：但是……但是……总有人偶尔会赢！正是因为这一点，在常规市所有人都买彩票，都抱有很大的希望。

女士：希望？您说的让人无法理解。您知道只有极其渺茫的赢的可能性，而失去一欧元却几乎是确定无疑的。这种收益如此低的游戏是怎么吸引到人的？

他：希望是不灭的。

女士：别说傻话。你们这样说只是为了给你们经不起理性考察的行为辩护。相反，看看我们，我们只有渺茫的可能性会输，但几乎是确定无疑地会获得一欧元。这看上去才是一个买彩票的好理由。这样吧，我请您喝一杯咖啡。

他：除非您不觉得打扰。

女士：一点也不。我只需要再来两张刮刮卡……拿到了。正如您所见，我们得到了两欧元。现在让我们来刮开……嗯，当然了……我们什么也没有输掉。

他：我感到松了一口气。

女士：您看见了吧？在颠倒市我们都十分满足。

他：尤其是现在，我觉得连输两次的可能性是很低的。如果一个人真的非常不走运，他可以马上再来一次，给自己要上整整一捆的刮刮卡。

女士：我看现在我们的意见达成一致了。您听我的吧，在付一欧元还几乎确定不会赢，与把一欧元装入口袋还几乎确定不会输之间，显然是没法比的。

幸运的数字

他：……就在这时，一道闪电击中了我坐的汽车，我掉到了一片草坪中间，浑身赤裸，但是一点伤也没有。

她：您幸运地躲过一劫！

他：就像买彩票一样！总有一个数字属于"被选中的"。

她：可别告诉我你相信有所谓的命运征兆。

他：没有，不过……

销售员（未受到邀请就自己加入了进来）：怎么不是？你们看，如今买**乐透**就是一门科学，再也没有迷信的一席之地了。

他和她：什么意思？

销售员：这是横亘在我心中的一个问题。**乐透**是一个统计学的事实。确实每一个数字都有同样的可能性从所有数字中被摇出，但我们同样知道一个数字在出现之前并不能等太长时间，所以说它等的时间越长，它就越有可能被摇出。我所在的公司刚刚实施了一个项目，它考虑所有轮盘上所有数字的延迟，所带来的成功就不用我说了。这是数学，不是迷信。拿着，这是我们项目的完整档案，在每次抽彩之后我们都会更新。看看27号在轮盘……

她：打断您一下。我觉得您的描述是自相矛盾的。如果说每个数字在任意一盘赌局中都有相同的几率被摇出，那么一个数字怎么会比其他数字有更多的可能性呢？

销售员：因为它迟到了！因为它已经排队太久，之前一直没有被摇出。

她：是的，但是这会如何影响现在正在进行中的摇号呢？算盘并不能"看见"在过去发生的事情。至少如果里面没有弄虚作假的话……

销售员：绝无弄虚作假，完全是数学的。毫无疑问的是，数字不会在迟到了很久之后还不被摇出，否则这就成了一个有特权的数字了，您不觉得吗？

她：这完全取决于您如何定义所谓的"迟到"。

销售员：什么意思？我是指相对于之前的一系列摇号。

她：问题就出在如何定义之前的一系列摇号。如果您选取了稍微不同的一个样本，比如说，选取每两个星期的摇号，那么迟到的号就会不同。这样吧，多亏了你们的项目，我们可以直接从我的手提电脑上看到……这里……看见了吗？在这时就是59而不是27迟到了。而如果我们选择每三个星期的摇号……我们会发现迟到的是6!而如果……

销售员：但是这样选取每两个星期或者三个星期的摇号有什么意义呢？必须选取之前的所有摇号来观测。

她：事实是选取这个或那个样本是毫无道理的。这是因为一盘摇号又无法看到其他摇号里发生了什么。乐透是瞎的。之前的摇号都通通不算数了。

销售员：怎么不算数了？您的意思是如果我们玩抛硬币的游戏，如果我连续三次抛到正面，我不应该开始赌会抛到反面吗？

她：正是如此。您应该猜您想猜的，反正抛出反面的几率都是50%。至多您可以考虑硬币可能有假……如果是那种情况的话，那您就继续猜是正面而不是反面吧！

销售员：但是反面迟到了。您看次序是……

她：如果您要完全考虑次序的话，请这样想：出现正-正-正-正次序的可能性和出现正-正-正-反的可能性是一样的，50%。

他：但是，如果您说得有理，我被闪电击中过一次的事实也就不意味着我不会再次被闪电击中。然而，两次被闪电击中的人是极少极少的。我觉得，闪电已经击中过我了，我现在觉得自己很安全。

销售员：说得好。

她：很抱歉我要让你失望了，但我建议你买一根避雷针。它同样能让你觉得相较于他人，下一次你被闪电击中的概率更低。但如果要打赌，我们三个人之中谁最有可能两次被闪电击中，我想我会赌是你。

他：为什么？

她：因为你只差一次闪电了，而我和这位先生，我想，我们还差两次闪电呢！

他：总而言之，你觉得赢**乐透**的最好办法是什么呢？

销售员：就是，您的回答是什么呢？

她：不存在一个赢**乐透**的最好办法，但有一个绝对不会输的办法。那就是别买乐透。

看不见的无序

她：我们把1当作正面，0当作反面。假设我们连续抛了一枚硬币四次。有可能会出现1111，也就是说正-正-正-正。

他：不过这会是奇怪的。这个结果太规律了，是不太可能的。

她：我觉得这和0000、反–反–反–反没有区别。

他：确实如此。这两种组合情况都不太可能发生。

她：那我选0011。

他：这个组合还是太有秩序了（1100也是）。一部分都是0，另一部分都是1。

她：那如果我说0110呢？

他：这个还是太有秩序了（它的镜像，1001也是）0和1构成了一种对称性。

她：那么，1010？

他：我们又回到了原点。0和1的交替太过完美了（此外，正如0101）。

她：那我还能提出什么呢？比如说，1000？

他：我们在浪费我们的时间。正如它的表亲0111，1110和0001一样，它们的形体简单而有序，你不觉得吗？规律是：一个数字出现一次另一个数字出现三次。

她：那么比如说1011，1101，0100，0010，你能说出它们中存在的规律吗？

他：当然：一个不同的数字把三个相同的数字隔开了。不仅如此……

她：一开始你说1111是不大可能的，因为它太有规律了。但现在你又说所有我提出来的组合都非常有规律。

每一种都符合某种规律，似乎没有一个是出于偶然。那你要说所有这些都是不大可能的咯？但我觉得存在一个问题。

他：什么问题？

她：我提出来的和我们讨论的这些组合是连续抛掷同一枚硬币四次可能出现的全部和唯一的16种可能。没有其他的可能了。

他：也就是说如果我连续抛一枚硬币四次，一定会出现这16种可能中的一种？

她：是的。重点就在这里。如果硬币没有造假的话，抛硬币可能出现的结果一定是随机的，那么我们这里讨论的所有组合出现的可能性都是随机的。然而按照你所说的，它们都具有某种秩序。秩序排除了随机。

他：在关于秩序这一点上随便谁都会同意我的。只需要看看这些组合中的每一个都具有的规律：对称、重复…

她：但是如果这个组合是随机产生的，它怎么会遵循某种规律呢？不是的，你所谈论的"规律"只是一种幻觉。秩序完全存在于我们的头脑之中，而不是存在于现实的组合之中。规律只能证明你的聪明：你能够在各种地方发现结构，你一直保持着机敏，不断寻找对称、形体、重复、轮廓，于是你不可避免地找到了规律，如果你愿意找的话。

他：我同意，我们假设秩序仅仅是后验的。我们还可以说所有的这些组合都是同样有秩序的，所以它们都有同等的可能性出现。不过，你的反对意见仅仅适用于抛掷四次。如果你让我评估抛掷六次可能出现的组合，我还是会觉得010110不如000000或者000111有秩序。

她：我很惊讶你这么快就放弃了寻找秩序。我似乎明白了，你思考它的方式就和维特根斯坦一样：你们随便给我展示一个组合，我都能给你们指出这个组合所遵循的某个规律。（也许这个规律看起来会有点怪，但总而言之会是个规律。）不过，我承认随着组合的长度增加，无序的效果也会被放大。心理学研究表明，事实上，我们会认为010110比000111更有可能，原因是010110看起来更像是一个无序的组合。不过，又一次，这是一个幻觉，010110和000111出现的可能性同样大。

他：为什么我们对秩序如此着迷呢？

她：这是我们用来简化数据的方式。在许多种情况下，这种简化使我们能够处理每时每刻都在轰炸着我们的巨大信息流。从另一个方面来说，我们必须意识到，我们这种寻找秩序的机制一直都是开启着的，即使是在没有秩序可寻的时候。只要想一想《圣境预言书》或者诺查丹玛斯的预言总是能被完美应验，但事后看来，这只不过是某人故意选择了所谓的预言使它能够自圆其说。想一想关于**乐透**中令人纠缠不休的所谓迟到的数字的研究（正如我们所见，这是完全无用的）。想一想我们是怎么重写我们的生活的，我们记住那些喜欢的符合我们对自己看法的优美形象，而忘记那些不会给我们增光的形象。想一想有人认为历史总是一再重复的，这也是历史上被重复得最多的想法之一。在所有这些情况中，我们给一些事件强加了秩序，但事实上我们有理由认为这些事件其实绝大部分是随机产生的。相信我：现实、生活以及历史远比我们自以为已经觉察到的精细程度还要复杂得多。

在一个似乎已经有如此众多的人识字并认识数字的世界中，他们坚持要玩**乐透**或坚持试图在过去找到根本不存在的事物的痕迹，（他们说）这些事将在**未来**不可避免地发生，看来世界的去文盲程度也没那么高。因此，我们担心像**生活意义**这样的奇怪问题将继续看起来像是卓越的哲学问题，并充满了相关的杰出哲学书籍。就我们而言，甚至无法理解这些问题的意义是什么。有点像问自己，什么是世界的数字，当每个人都知道答案是：87，在某些情况下是23时。总之，让我们进入——

第四章

位置偏僻的**帝国**边境的敲钟人的机敏让我们惊讶，在令人讶异的一系列充满异国情调的旅途中，我们发现**空间**与**时间**密切相关；我们还了解到狮子具有高度发达的对事物间的**相对性**的理解，并且人们想知道为什么镜子是**左右**颠倒，而不是**上下**颠倒。

来自尽头谷的关于时间的信件

寄信人：尽头谷教区，2353号敲钟人

收信人：首都，时间测量局

兄弟们：

恳请你们不要认为我的信是在胡搅蛮缠。我知道我是帝国的最后一个山谷中的最后一个敲钟人，这是一个最平凡、最遥远的山谷。实际上这正是驱使我给你们写信的原因。

事实上，我阅读了优秀卓越的贵局发布的手册，题为《在帝国传播时间信号的新方法》，我于5月20日通过驿车收到。虽然我非常欣赏这本小册子的严谨，以及它坚持明确无误的原则，这些品质在我们这个黑暗和不确定的时代显得更为重要，我的印象是这种方法——虽然很容易应用——却增加而不是减少了居民蒙昧，无法知晓精确时间的风险。据称现在负责指示时间信号的唯一权威机构是首都天文台，它每个小时都会敲响其塔楼的钟声。它还称，钟声的信号应该由第一圈墙接收和扩散，然后再到居民区，然后是一个一个的教区，并最终到达邻近的城市，这样由此及彼的传播，就好像在平静的水面抛出一块石子形成的波纹一样：直到抵达帝国的最后一批塔楼并将

时间——文明的标志——带给偏僻山谷中，比如像我们这里的居民，来拜访我们的只有偶尔到来的某个徒步旅行者而已。最后，为了确保人们听到的钟点数是准确的，它要求所有的敲钟人必须在完整听完钟声之后才能去敲他们自己的钟。

我担心的是使用这种方法可能会对时间信号的质量产生影响。我敢于争辩说——希望我的猜想不会被认为是异端邪说——小册子的尊贵的编纂者没有充分考虑到时间和空间彼此之间的紧密联系。考虑一下将会发生什么。时间信号从首都出发：天文台敲响六点的钟声。围墙上的某个塔楼的敲钟人听到了信号，他等待第六次敲钟，然后开始敲自己的钟。以此类推。六点的钟声缓慢地传播，根据法律，每个敲钟人只有听到上一个敲钟人敲完之后才能去敲钟。但是，我再次重申，空间就是时间，而尽头谷距离首都有一千二百个地方。一个简单的计算表明，当六点的钟声到达我们的山谷时，已经快七点了。我们的山谷居民将要永远地生活在错误之中吗？

我再补充一个我的思考，来表明这个方法的荒谬之处。午夜时要敲十二次钟。凌晨一点只需要敲一次。因此，午夜十二点的信号传播得非常缓慢，比一点的信号传播得要慢得多，因为在第一种情况下，敲钟人必须等待十二次敲钟之后才能依次发送信号，而在第二种情况下只需要等待很短的时间就可以开始敲钟。我已经完成了计算，结果表明在敲午夜十二点的钟之前我将不得不先敲凌晨一点的钟。空间不仅是时间，在这种情况下，空间似乎还吞掉了时间。因此，我山谷的居民们必须生活在自相缠绕的时间之中，然后每到晚上问题又重新解决。在这种情况下，随着时刻变得越来越长，你们能恢复那个被否定了时长的一个小时吗？

感谢你们对一个谦逊的敲钟人的想法所给予的关注。

附：如果有一个没这么偏僻的教区出现了空缺，能请你们添上我的名字吗？在尽头谷的生活实在非常艰苦，而我已经在群山之间度过了许多时光。

寄信人：首都，时间测量局办公室

收信人：尽头谷教区，2353号敲钟人

兄弟：

我们认真地研究了你6月21日的信，你的担心是合理的，但你对本局所采用的原则没有正确理解，正如那些被宣布为是异端邪说的想法一样。特别是，本局有责任为帝国所有教区确定有效的时间；这些时间以及时间的测量直接由本局发布，这些都是确定无疑的。因此：

第一，你所称的六点的钟声将在七点的时候到达你们山谷这一说法被驳回了。时间应该由天文台的钟声确定，在天文台之外不存在也不会传播另一个时间信号，因此当你敲六下钟的时候，那一刻就仅仅只是六点，那么尽头谷教区的时间就是六点。你的"计算"也同时被驳回了，因为它们在本局的秩序之上强加了个人的妄想。

第二，你说一点的钟声比十二点的钟声先敲响，以此来论证所谓的时间信号的自相矛盾，这是一个巨大的谎言。

考虑到你的年龄，以及居住在尽头谷众所周知的困难，本局有可能考虑授予你一个靠近首都，甚至就在首都的空缺职位。但前提必须是，你认识到你的陈述中包含的推理错误，即因为管理局设计的方法的错误，你将会发现自己在敲响午夜的钟声之前先得敲响一点的钟声。

泡沫

（乘务员的声音）请系好安全带。

乘客：晚上好，抱歉，能让我过去一下吗，我总是选靠窗户的位置，因为我想从高处看云朵。

她：是的，尤其是黎明时候总是非常壮观。不过，我经常旅行，因此相较于云朵，我更倾向于选择方便起身、不用打扰到别人的位置。实话告诉您吧，其实今天晚上我本来一点都不想来旅行。

乘客：为什么？我觉得在新年夜旅行是非常新鲜的。而且还很划算：机票很便宜，而且人也不是很多。

她：就算是这样……由于汇集到时代广场的车流，我花了一个多小时才从曼哈顿出来。不管怎么说，您都不要告诉我您觉得坐飞机迎接新年这个主意让您感到高兴。如果可以避免的话，那我根本不会考虑这个安排的。

乘客：这个主意当然使我感到高兴！除了划算，我觉得能够在飞机上干杯是非常特别的。我甚至还带了一瓶香槟——当然，是为防万一航空公司没有考虑到这一点。您瞧。没有冰冻过，不过您可别客气，欢迎品尝。

她：谢谢，您真是太好了。

乘客：尤其是，能够重复干杯的这个想法使我兴奋。随着我们将穿越的所有时区，将不得不把人喝醉。

她：打断一下，不过这样的话您就搭错航班了。那些喜欢不停干杯的人，他们从东往西飞。这样一来，每当午夜到来的时候，他们就喝酒庆祝，然后过了大约十几分钟，他们又进入了一个还是十一点的时区：他们等待午夜降临，然后又能再次庆祝，然后他们又进入还是十一点的时区，如此往复。我认为，在新千年之交的时候，从巴黎飞到纽约的飞机票卖得绝对不会便宜。不过，我们将要沿着相反的方向旅行，从西向东。十八点时我们从纽约出发，几分钟之后就会到达十九点，然后是二十点……依此下去，直到早上八点到达巴黎——只要航班是准时到达的。所以说您不能不停干杯。您得动作快点，否则您的杯子还是满满的呢，就已经到一点了。

乘客：糟糕，您说得对。在时区的问题上我总是犯同样的错误。我总是记不得应该从哪边出发才能赚到时间。事实上，在我们出发的时候，那会儿欧洲已经是午夜了……不过，这依然是一个特殊的机会，您不觉得吗？如果我没有理解错的话，当我们进入十一点的时区时，我们将会在海洋的上空。所以，我们将既不是在美国，同时距离某个欧洲国家的上空还很远。这就意味着，我们将在一个什么都不是的地方庆祝夜晚十二点的降临。对我来说，这足以成为一个独特的碰杯的理由。

她：如果您这样说的话……就我而言，以前我每年新年要么是在巴黎要么是在纽约庆祝的，在大洋中间碰杯这个主意对我来说并不特别吸引人。

爱管闲事的人（把前面一排座椅的椅背折到一半）：就算您能够庆祝。

乘客：怎么？

爱管闲事的人：谁能向您保证您会在大洋的中间庆祝午夜十二点？

乘客：除非出现什么意外，我认为数学计算完全可以保证这一点。就像这位女士说的，如果我们晚上六点出发，早上八点到达，或早或晚在某个地方时，当地时间会是午夜十二点。如果说地理没有骗我的话，在那时我们距离欧洲的海岸线还会很远。

爱管闲事的人：抱歉，但是谁告诉您在某个时刻我们将会正好在十二点呢？您好好地研究航线了吗？

乘客：航线？

爱管闲事的人：数学和地理告诉我们在飞行过程中我们将会不止一次遇上还没有过完当前时区的一个钟点就进入了下一个钟点的情况。如果飞行长达八个小时，而纽约和巴黎的时差是六个小时的话，那么这种情况至少出现两次，至多出现八次。但并不是说十二点的到来一定会出现在这些情况之中。相反，我做了两次计算，我完全相信，除非航线发生了预期之外的变化，否则我们恰好遇不到午夜十二点。这倒确实值得庆祝一下。

乘客：我还是跟不上您的思路。

她：我觉得再明白不过了。假设在当地时间11：45，正好在您开始准备庆祝的时候，我们进入下一个时区了。我们自动进入了新的当地时间，12：45，一刻钟后就到一点了。而您呢，拿在手里的酒瓶还没取下瓶塞呢，一切都已经过去了。没有午夜十二点。

乘客：那……

爱管闲事的人：那您就该相信我了——事情将会这样发生——没有午夜十二点。没有倒计时。在这架飞机上，我们没有跨年就从2003年到2004年了。

乘客：啊呀，而我本来甚至还想着连续不断地庆祝呢。我太失望了。

爱管闲事的人：有什么失望的。我每年都这样做，我相信，这是值得的。我个人是反对任何屏障的，包括时间的。所以说最好是庆祝它们消失了。

她：我觉得你们俩都有点过了。不过我承认之前我没有考虑过这一点。如果事情真是像您所说的那样，那么我没有任何理由抱怨了。我将能继续宣称我的新年总是在巴黎或者纽约庆祝的：今年也不例外。

乘客：今年也不例外，因为您将根本不会庆祝。

其他的人们：不，不，我们当然会庆祝。但我们庆祝的是那神奇的一刻钟的消失。我们将会提前告别2003年，而又迟到于迎接2004年。但我们一分钟也没有失去。

出生日期

男孩：您好售票员先生。我是来看恐龙展的。没有满三岁的孩子可以免费入场，是真的吗？

售票员：对极了。这是我们为了鼓励我们的小朋友们来参观博物馆推行的举措。

男孩：这个主意太棒了！幸好我爸妈及时告诉了我：明天我就满三岁了。这是我的身份证。

售票员：抱歉，但是这上面写着您是1月16日出生的。而1月16日就是今天……

男孩：是的，您说的对。但是出生日期没说要不要把出生地点考虑在内。您看，这儿写着：我是2001年1月16日在美国纽约出生的。请您相信我，我是在晚上十点半出生的。如果您需要的话，我可以把我的出生证明复印件带给您看。

售票员：我不明白您想说明什么。

男孩：如果我是1月16日晚上十点半在纽约市出生的，那就意味着在我出生的那一刻在这儿，在欧洲，已经是1月17日了。您比我更清楚时差的存在。因此，我的生日对欧洲人来说是17日。这是显然的。

售票员：请原谅我。这儿写着您是1月16日出生的，而今天就是1月16日。您刚刚满了3岁。很遗憾。

女孩（排在男孩的后面，饶有兴趣地见证了这一幕）：不好意思，打断一下。碰巧的是，我就是1月17日出生的。您看见了吗？这是我的身份证。

售票员：2001年1月17日。好极了。您还有权免费进入，刚好赶上了。

女孩：但是我想请您也注意一下出生地点：巴黎。又恰巧我是早上四点半出生的……

男孩：那么，小姐①，您和我是在同一时刻出生的！

女孩：完全正确。我们出生的时刻完全相同，虽然隔着四个时区的距离。所以，售票员先生，如果您同意让我享有优惠，我不明白为什么您不愿意让这个男孩也享有优惠呢？

售票员：我无能为力。我需要附上文件的复印件，这些文件上说你们出生在不同的日期：您出生在1月17日，而他是16日。

---

① 原文为法语。

女孩：但是售票员先生，文件上不止说了这个。文件上还说了我出生在巴黎，而他出生在纽约。为什么我们不能在复印件上附上出生的时间呢？这样做的话日期确实会显得复杂："2001年1月17日4：30出生在巴黎"，以及"2001年1月16日22：30出生在纽约"。这两个信息，看上去不一样，但实际上指向同一个时刻。

售票员：你们让我好好理解一下。我是在2月29日晚上11点出生的，在罗格雷多①。对于我住在澳大利亚的叔叔阿姨来说，我就是在3月1日出生的了？

孩子们（齐声）：正是如此。

售票员：但是在不是闰年的年份里，也就是没有2月29日的时候，我是在3月1日庆祝我的生日的。那么，假如我搬迁到澳大利亚，我就应该在3月2日庆祝了？

孩子们：当然了，3月2日。

售票员：可是你们不觉得有点奇怪吗，一个2月出生的人却在3月2日庆祝生日？

孩子们：确实奇怪，售票员先生。但却完全符合逻辑。

售票员：如果你们这么说的话……给，这是你们

---

① 地名。位于意大利米兰的边境地区。

的门票。我只希望我将不必对我的上级们再重复这整件事。

男孩：非常感谢。

女孩：那么现在我们都去蛋糕店庆祝我们的生日吧！

售票员：什么什么？但是我们不是刚刚才论证了你们两个的生日都是在明天吗？

孩子们：当然了：生日是在明天。不过我们总是提前一天庆祝。

四季之岛

他：您好。我想安排一次去太平洋的度假。

旅行代理：明智的选择。请允许我指给您看最新的人工岛：四季之岛。

他：什么？一个人工岛？

代理：是的。但您不用担心。完全无法辨别出它和自然的岛屿有什么区别。非常的原始而亲切，只有四样东西，再多一样也没有。

他：有意思！我喜欢那些人少的地方。不过这个岛在哪儿？

代理：在赤道上，同时它还被换日线所穿越。

他：处在时间和空间的十字路口。我一直对换日线的事很感兴趣。不过究竟是怎么操作的？

代理：很简单。我们假设在线的西面是午夜十二点。在线的东面已经是一点了：新的一天开始了。这个新的一天，假设是1月1日，随着我们向西移动，它会出现很多次：在将12月31日变成1月1日的过程中，它环绕地球一圈，直到再次回到换日线。这也就意味着，在开启新的一天的过程中，午夜十二点也绕地球一圈。不过直到午夜十二点再次返回换日线，这个过程才算真正完成。在那个时候，有些地方正处于12月31日并等待着新的一天的到来，而有些地方则正处在1月1日。

他：在午夜十二点环绕地球一圈又重新返回换日线之后……

代理：……那么就在那一时刻，整个地球都处于1月1日，而片刻之后，在东边的午夜十二点就让位给1月2日了。

他：但是，如果日期变更线穿过一片有人居住的区域，那么某个被它经过的人就从一天来到了另一天。这个人只需要简单地往东边走一步就能回到12月31日了，而且他只要再往西走一步就又能返回到1月1日了。

代理：确实。并且通过这样做，这人甚至能够从一年走到另一年。

他：很有意思。我非常愿意在这个岛上度过一段时间，您刚刚说它叫什么来着？

代理：四季之岛。您想预约在什么时候呢？

他：我想在6月21日到岛上。

代理：但是您想什么时候去呢？在春天、夏天、秋天还是冬天？

他：怎么？我告诉您了我想在6月21日到岛上！

代理：但问题是：在春天、夏天、秋天还是冬天？

他：抱歉，我真不明白您的意思。

代理：这取决于我将您安排在哪个房间里。如果您住在西北的房子里，您将会是在夏天。西北的房子位于赤道以北。如果穿过赤道住在西南的房子里，您会发现自己处在冬天，因为当北半球是夏天的时候，在南半球是冬天。

他：我忘记了两个半球的季节相反这件事。好吧，我需要在夏天和冬天之间选，是吗？那么我选择……

代理：我必须打断您。还有另外两种可能性。您告诉我您想要在6月21日到达。如果您从处在冬季的西南的房子去往东南的房子，穿过换日线，您将会再次回到6月

20日。而在南半球，6月20日是秋天。

他：您别告诉我我也可以在春天去。

代理：当然。只要您越过赤道，挪到东北的房子：如果在南半球是秋天，那在北半球就是春天。

他：这就是为什么您问我想什么时候去岛上！二至日①是决定住在哪里的时间。我自己都不知道该选择什么了。

代理：只需支付小额附加费，即可租用所有四个房子。

他：好主意。这样我就能上千次地从一个季节换到另一个季节。就像是活了一千年。这是一次破吉尼斯世界纪录的假期。

代理：还可以做得更好。您抵达之后，就坐在赤道和日期变更线的交叉点上，不要移动。一天之内，您将同时生活在四季。或者生活在四季之外。选择权归您。

一次被取消的旅行

她：早上好。我是来取去北极的"冒险之旅"的

---

　① 即冬至日、夏至日。

票的。

旅行代理：我恐怕……（*尴尬的沉默*）也许……

她：出什么问题了吗？我应该已经付了全款。我在破冰船、租雪橇狗、幸存之旅上可是花了一大笔钱。别告诉我……

代理：不幸的是我们必须取消这次旅行。

你：为什么？季节很有利，天气稳定，航运业也没有罢工。你们为什么要取消这次旅行?

代理：我知道，现在的条件再合适不过了。请您相信，我们也已经为这次旅程准备了很长时间。我们非常抱歉让您失望。但确实不能成行。

她：发生了什么事？您说得好像这是一个完全无法克服的困难。

代理：我不知道该怎么跟您说。（*拉出皱巴巴的报纸*）这里，您看看吧。

她："这里曾是北极"。

代理：正如您从照片中看到的，原来是北极的地方现在是一片海水。温室效应：北极的冰正在融化。

她：不是这样的，我非常熟悉这回事。所有的报纸都在谈论它，但最终结果是它只是一个传说。今天我们知道北极根本就没有消失。如果它真的融化了怎么办？我们还可以乘船：无论如何，还是能去北极的。

代理：真的吗？您让我放心了。鉴于这些困难，我们几乎开始考虑组织参观"纪念消失的美景"的旅行。我们会把游客带到荒凉的地方，那些因已经消失的东西而闻名的地方。你能想象介绍册上的口号吗？"这里曾有伟大的佛像，如今只留下碎片"，"这里曾是咸海，如今干涸了"，诸如此类。我们还可以补充："这里曾是北极，现在只是一个水坑"。

她：很有意思。我相信你们能很容易地找到景点和顾客。然而……

代理：怎么了？

她：您怎么解释这些口号？在我看来，它们彼此有不同的含义。

代理：我不理解您说的。每个口号说的都是这里——或者在某个地方，每个口号不同——原有的一个东西现在不再存在，您觉得不是这样吗？这就像我说："这儿原来有我的铅笔。"我还能有什么别的意思？我的铅笔本来在这个地方，现在已经不见了。（对她自己说）咦，它躲到哪里去了？

她：我不同意。你给出的这个解释可以适用于佛像。有一个可以举例的地方，巴米扬，那里原先有一个物体——一尊雕像，现在这个物体不再存在或不再存在在那里。

代理：正是如此。

她：但这个解释对咸海就不太说得通了。您认为湖泊只是大量的水吗？

代理：我不这么认为，也不乏干涸的湖泊。我更愿意说湖泊是一个地方。当我们说咸海干涸了时，意味着在一个地方，原来有水，现在没有了。

她：但正是这个解释使得"这里曾有咸海"的说法显得很奇怪。如果咸海是一个地方，它怎么可能曾"在这里"但又不再存在？地方是不会移动的。

代理：我明白了。那么我会说湖泊只是大量的水。

她：那么自然，你会在干涸的湖泊面前遇到麻烦，这些湖泊里没有水。不仅如此。如果湖泊是一定量的水，水被引导并转移到海里，我们会说这个湖现在在海里吗？如果我们再次将湖泊充满水呢？如果我们用葡萄酒充满它呢？

代理：也许我们对湖泊的概念是一个混合概念。我们部分地认为湖泊是大量的水或某种类型的液体，部分地将它作为一个可以容纳大量水的地方。根据我们的需要，我们倾向于一方或者另一方。

她：让我们回到北极。它是关于什么的？它在什么意义上不再"在这里"？

代理：是啊。它去了哪里？

她：哪里也没去。当我们说北极的时候，使用的概念只是空间的。并没有一个与"北极"相对应的物体。它不像雕像，也不像咸海。北极可以是由任何东西组成的。事实上，更好的说法是，北极并非由任何东西组成。这是一个"纯粹的容器"，正如亚里士多德在谈到地点时所说的那样。

代理：北极是一个抽象概念吗？

她：不是所有不由东西组成的都是抽象概念。如果您在北极打个洞，这就不会是一个抽象概念。它会是一个具体的洞，如果这样我能解释清楚的话。

代理：北极会在哪里？

她：会在洞里。如果我们可以像给苹果去核一样移去地球的核，地球的轴将扩散到没有土地的区域。但它会在那儿。两极将完全成为虚拟的。

代理：我同意。但如果是这样，我们会将这些虚拟的物体视为地球的一部分吗？

她：这个我也不知道……无论如何，您现在明白"这里曾有北极"这句话是行不通的吗？您也同意：北极永远在那里。

代理：但是为什么我们觉得这句话说得通呢？没有人觉得奇怪。我没见到报纸上满是抗议信。

她：人们在说纯粹空间概念的时候倾向于把它们附着在物体上。如果不想象一个有洞的物体，我们就无法想象洞。想象北极的最佳方式是想一下目前位于北极的一块冰山。在我们看来，将北极视为一个巨大的冰柱是十分容易的，当人们报名参加组织去北极的旅行时，人们想到的就是这个。他们想要去参观的是我们从心理上跟北极联系在一起的冰川景观。如果这些真的是他们的期望，如果北极真的没有冰了，那么你们取消旅行是正确的。但不是因为目的地不再存在了，而是因为它已经改变了。如果你们想组织新旅行，对消失美景的参观，你们必须做出区分。在某些情况下，口号应该说："这里曾有伟大的佛像"，或者还有"这里曾有咸海"。但在另一些情况下，必须改变说法。你们应该说："北极曾是这样"。

此处有狮

母狮：让我们去瞧瞧游客。

公狮：这是动物园生活中的美景。

母狮：每天所有这些人从你面前经过，我们看到他们的激情和欲望。

公狮：一个疯人的笼子。

母狮：我们在这儿的十年里，已经看到了有数百万人了吧。他们能在这个笼子里成功锁进了这么多人，真不赖。

公狮：关起来，怎么说？

母狮：不是每天都有一个带钥匙的先生来吗？他不是会给我们带来食物吗——一种来自囚犯社区的善意姿态，也因为他并不能经常来这儿，然后他不是会把自己和其他人一起锁在里面吗？

公狮：但是"里面"，哪里是里面？

母狮：在笼子里呀，不是吗？

公狮：但怎么……怎么……怎么！我一直以为是我们被锁在了笼子里。那个男人带给我们食物，出于他的善良，然后他又回归自由。你怎么能认为被锁起来的是他们，而不是我们？

母狮：这不就是一个说法的问题吗？对我来说，被关起来意味着待在笼子里，意味着被关在栅栏后面。也许对你而言意味着别的。

公狮：对我来说被关起来也意味着被关在笼子里，

在栅栏后面！这就是为什么我说我们被关着。

　　母狮：但是从我们的角度来看，他们才是那些在栅栏后面的人。

　　公狮：但是从他们的角度来看，在栅栏后面的是我们！

　　母狮：我们为什么要采用他们的角度？我们是狮子，不是吗？我们也有尊严。

　　公狮：或者我们对"里面"这个词理解不同。对我来说，在里面意味着无法出去。又或许我们对"笼子"这个词理解不同。

　　母狮：让我们想想。笼子是环绕着世界的巨大空间。世界是一个小小的私密空间，在这里空间里你和我能生活得很愉快。笼子有一个栏杆，将它与世界隔开，并保护世界上的居民，比如我们，免受那些有潜在危险和侵略性的囚犯，比如他们的伤害。我真不明白哪里有问题。我再问一次：你是在做狮子的哲学吗？

　　公狮：其实是你不明白。笼子是被世界环绕的小小空间。世界是一个巨大的自由空间，在这个空间中你和我都可以幸福地奔跑。笼子有一个栏杆，将它与世隔开，保护世界居民，比如他们，免受潜在危险和侵略性的囚犯，比如我们的伤害。我们有多久没能吃掉一个访客了？

母狮：所以，我们是对"笼子"这个词有不同理解。对你来说，笼子必须比世界的剩余部分要小。

公狮：是的。我相信在我们去年夏天吃掉的驯兽师的包里发现的字典，它给了我理由。

母狮：我不相信字典，尤其是一个肉有点老的驯兽师包里的字典。不过，我们看看……里面应该有一张世界地图……就在这里，看看这个：此处有狮。如你所见，赤道以南有一大片区域只有狮子居住。

公狮：古老的传说。

母狮：也许吧。但想象一下，假设狮子们都待在赤道以南的南回归线下，并且有一条栏杆竖立着，它亦步亦趋地跟随着回归线——我们假设即使是在海面上。你认为狮子被关在笼子里吗？

公狮：当然。南回归线以南的空间会比北面的空间要小得多。因为我说过笼子总是比世界的剩余部分要小……

母狮：你是否同意要离开笼子，狮子必须越过栏杆？

公狮：绝对的。

母狮：现在想象一下狮子的数量增加又增加，为避免过度拥挤，栏杆会向北移动。狮子们继续增加，栏杆向更北移动。慢慢地，一公里后又一公里，栏杆最后到了赤道以北的北回归线。这是一个很好的栏杆，没有任何狮子能够越过它。那么，你会认为所有的狮子都是在笼子里吗？

没有狮子经过它。所以你认为所有的狮子都留在笼子里？

公狮：这是显然的。

母狮：我就是想要你这句话。因为现在狮子所在的地区——北回归线以南，已经比世界剩余的地方——北回归线以北，要大得多了。现在情况反转了，所以要么你说现在狮子都已经在笼子外面了，即使没有狮子越过了栏杆；要么你放弃笼子是被世界包围的小空间的想法。

公狮：但这只有当你将地球视为曲面的时候才成立。

母狮：但是地球的空间就是一个弯曲的空间，朋友。我们现在所在的地方是地球空间的一部分。我们往往会忘记这一点，因为我们经常只从小处思考。但必须要从大处思考。为了摆脱头脑的笼子，你必须像真正的狮子一样思考。否则，我们会发现自己在佯装咆哮，就像米高梅①的狮子一样，被圈在一个小圈子里。

反射

他：看看镜子里："救护车"反过来了，变成了"车护救"！

她：你现在才发现吗？

他：我承认我从来没有注意到这一点。我想它反过来写只是为了方便从后视镜里看。

她：当然，不会有其他原因了。

他：但很让人好奇，你不觉得吗？

她：什么？

他：就是字是水平反转而不是垂直反转的。

她：不可以吗？

他：我不知道。但我想知道为什么镜子反转了右边和左边而不是上边和下边。看，我把这本流行音乐（pop）的书展示在镜子里。为什么标题的上半部分的图像就是标题图像的上半部分，但标题左侧的图像不是标题图像的左侧？看一下"pop"这个词。在镜子中我们读到

① 一家媒体公司，它的Logo是一只咆哮的狮头。

"qoq"。但为什么我们读到的不是"bob"呢?

她：小心点，停下！先别管后视镜了。看那个水坑。观察一下那家唱片店发光的标志。难道你不知道当"pop"这个词反射在水坑里会变成什么吗? 我读到的正是"bob"。这次"p"变成了"b"，而不是"q"：发生了垂直方向的反转，而不是水平方向的。你是否想说镜子是左右颠倒而不是上下颠倒地反射，但水坑是上下颠倒而不是左右颠倒地反射? 考虑到水坑相当于平放着的镜子，你会如何解释这种差别呢?

他：等一下。事实上，没有什么能阻止我们在水坑里也看到左右颠倒的"p"。只需要……只需要把自己的头倒过来看。在这里，看，如果我把自己倒过来，"p"再次看起来是"q"了，我在水坑里也读到了"qoq"。

她：你要注意道路，而不是把头倒过来！无论如何，如果你把自己倒过来看着水坑，那为什么不把自己倒过来看后视镜呢? 那么你的书的"p"就变成了"b"，而不是"q"，读起来就是"bob"了。如果你把自己倒过来，那么后视镜就不是左右反转，而是上下反转了。

他：这个论点并不能说服我。如果我向你提议我在看水坑的时候把头朝下，那是因为我想从水坑里的居民的角度来看，与我们相比，他们是头朝下生活的。

她：那为什么不对反光镜做同样的事情呢？你为什么不想象自己也是它之中的居民之一？既然他们是左右互换的，根据你的说法，在镜子里对你来说是"q"的对他们来说就是"p"了。所以问题就消失了。正是出于这个原因，你将会同意我，镜子里的居民可以像我们一样读到"救护车"。如果仔细观察的话，当他们读的时候，他们会从右向左移动头部，尽管我猜他们在使用他们的后视镜时会遇到些困难。

爱管闲事的人（在用远光灯发出令人讨厌的信号后出现在镜子中）：注意：你们都弄错了，在后视镜中，唯一发生的反转是前后的反转。

他和她：什么？

爱管闲事的人：如果我指向上方，你们在镜子里看到我也是指向上方。如果我打左转向灯，在后视镜中，你们看到的就是我在你们的左边闪灯。这两种情况中都没有发生反转。但是，如果我开始超过你们，那么事情就会发生变化：你们看到的我的形象与我实际的前进方向相反。唯一的反转是前或后。

她：不是这样，您在谈论完全不同意义上的上与下，左与右，前与后，是与外部联系在一起的。您在谈论绝对的方向。我们在谈论主观的方向。

爱管闲事的人：这正是重点。当我们说镜子左右反转而不是上下反转时，我们谈论的是非常不同的反转。

他：这是什么意思？

爱管闲事的人：应该说镜子总是沿着一个绝对的方向反转，即垂直于镜子表面的方向：还是以水坑为例。

他：那么，当我们照镜子时，我们观察到的反转会是一种错觉吗？

爱管闲事的人：这取决于相对于前方或后方，我们所处的位置。如果我们站在镜子前面，那么我们会说身体的右侧和左侧是颠倒的。扩充一下，所有物体，例如字母表中的字母，如果要认出来的话，都需要我们的身体采用某个特定的方向：因此"pop"变成"qoq"。相反，如果我们将自己沿着前方或后方，那么就好比是我们将自己头朝下：所以它们将是上下颠倒的，"pop"将变成"bob"。

他和她：如果我们把自己放在镜子中呢？

爱管闲事的人：必须注意如何提这个问题。现在，对不起，我必须要离开你的镜子……谢谢……*过通车护救让得我*。

在他阐述狭义相对论的几年里，爱因斯坦在伯尔尼专利局的工作似乎涉及对车站时钟之间各种协调项目的审查。狭义相对论——这几乎是物理学中的哲学篇章——与铁路官员之间的辩论直接相关吗？对于那些不相信的人来说，尽头谷的来信提醒我们，在协调问题上，时间不能轻易地与空间分开。当然，钟声是一回事，光速是另一回事。尽头谷的打钟人是一回事，爱因斯坦是另一回事。还没有到此为止。空间和时间的概念在直觉上与某个特定的几何形状相关联，然后它会成为我们触手可及的方形物体之一，而地平线，尽管已经从学校的书本中学到了关于它的知识我们还是觉得它有点太平了。但是我们已经看到了如何开始更大规模地思考，在不平坦但弯曲的土地上丢失罗盘。内部和外部、生日，季节等概念仍然起作用吗？其他概念，例如右和左，高和低，反过来允许我们在对空间本身的描述中将镜子视为主观和客观混合的窗口，这些概念纠缠在一起，让人很难从中挣脱。澄清了这一点后，我们也可以开始思考具体的对象和事件，即那些在空间和时间中可以找到住所的有形事物，而我们关于它们的概念有时候是抽象的。实际上我们正准备去——

第五章

从一系列明显无辜的争论中我们了解到，计量事物并给予他们身份并不容易，以至于变形虫不再知道它是谁，此外一位精明的法官被迫断言一加一还是一，一个运动员不能讲述他白天做了什么，一列火车冒上了消失的风险，因为一位女士太小心谨慎了。

变形虫主席的最后一个案子

致变形虫人民管理委员会主席

亲爱的主席：

我写信请求您的高级管理局干预一件对我来说至关重要的事情。二十秒前，我从我的直系祖先阿米巴M45YY上分离。事实上，我们是被分开了，因为我的祖先变形虫分裂成了两部分。然而，据我所知，大约五秒钟之前，另一部分要求排他性地拥有血统，并希望完全由它保留M45YY这个名字。为避免误解，我要求管理委员会作出充分承认我的权利的裁决。

签名：M45YY

致变形虫人民管理委员会主席

亲爱的主席：

我写信请求您的高级管理局干预一件对我来说至关重要的事情。二十秒前，我从我的直系祖先阿米巴M45YY上分离。事实上，我们是被分开了，因为我的祖先变形虫分裂成了两部分。然而，据我所知，大约五秒钟之前，另一部分要求排他性地拥有血统，并希望完全由它保留M45YY这个名字。为避免误解，我要求管理委员会作出充分承认我的权利的裁决。

签名：M45YY

致临时名称为M45YY（A）和M45YY（B）的变形虫同志们：

两秒钟前，你的两个的内容相同的信件同时到达，每个信件都提出了对M45YY名称的专有请求。鉴于你们年纪轻轻，可能你们还不知道，但正如你可以轻易想象到的那样，类似的要求在委员会堆积如山。确切地说，在一百二十分钟漫长的职业生涯里，我已经签署了十二亿三千零四十二万零一百九十七个回复，正如我寄给你们的这封一样。我向你提出的建议，以及我在所有类似案件中所做的建议，都是接受委员会自动分配给你们的临时名称。在这种情况下，删除名称末尾的括号就足够了。希望你们不会再提出进一步的问题，因为我将在二点六秒后退休以准备我的分裂。

亲切的主席

致变形虫人民管理委员会主席

亲爱的总统：

我尊重委员会的指示，并接受分配给我的名字。外胚层质万岁。

M45YYA

致变形虫人民管理委员会主席

亲爱的总统：

我尊重委员会的指示，并接受分配给我的名字。外胚层质万岁。

M45YYA

M45YY（B）同志：

遗憾的是，我们必须将您的上诉请求退回给发件人，因为程序明确要求您的签名需要符合我们指定的临时名称，而不是您声明的名称。但不要担心，如果您认为可以提出有效理由，我们会对您的上诉非常关注：变形虫人民尊重个人意见！

致变形虫人民管理委员会主席

亲爱的主席：

自从我和分裂伙伴收到你的答复后，已经过去了十分之六秒，我已经处于极度不利的境地。将后缀"B"分配给我的名字会严重损害我的工作和情感关系。但是除了生理方面，我对这种处理的反对源于一个简单的观察：不存在也不能存在将"B"分配给我而不是分配给我的分裂伙伴的理由。如果没有理由，就不应该进行分配。无论采用何种命名法，我都会继续问自己我是谁。

签名：M45YY……（我不接受B）

M45YY（B）同志，

你提出的理由涉及充足理由原则。但这个原则具有形而上学的价值（发生的事情不会无理由地发生）并且可能还具有认识论的价值（如果我们找不到事情发生的理由，我们不能因为这件事本身而认为它们的发生没有理由）。至于监管方面，我们的判例早已决定取消这一原则，因为它不相关。这个决定有一个特定的原因。变形虫的世界是非常特殊的：它是一个"50%的世界"。这是因为我们的生物学要求我们分成两部分，每部分都完全复制了原来的变形虫。因此，形而上学迫使我们选择最简单的道路，并考虑到，在分裂时，祖先变形虫消亡，两个新的变形虫出现。任何其他解决方案都可能是或没有作用或完全随意的。因此，立法的前提是区分个体，而唯一能区分我们的就是我们的名字。我们当然希望满足我们同志的愿望，能够保持它们的起源，因此我们授予那些（事后看来只有极少数人）要求将祖先变形虫的名字保留为自己名字的一部分的人的请求。但是，如果不依靠单方面决定的话，我们就无法推进任务了，而且当我们为名称分配扩展名时，我们使用的是我们这个50%世界给予我们的唯一方式，也就是依靠掷硬币。在我们的世界中抛硬币是一种无可指责的做法，通过引用充足理由原则来抗议游戏的结果是没有意义的。如果因为有风、仲裁者的大拇指脏了或者硬币经过了孩子的口袋等等原因而抗议也是不合理的。在这个50%的世界中，这些因素是无关紧要的。

正如我告诉你的那样，我将退休，我没有时间回答你进一步的问题。因此，我请你接受分配给你的名字。但是，如果你认为继续为你的案子辩护是恰当的，我只能敦促你根据自己的选择写给即将取代我位置的一个或另一个变形虫。

隐藏的雕像

他（在门垫那边拖着一个巨大的花岗岩块）：我来了！看看我买了什么。

她：一个立方体？

他：是一尊雕像。我们把它放在大门口。

她：终于有一件当代艺术作品了。我会说它非常优雅、简约。我本以为你的口味会更传统一些。

他：让我们将之描述为古典主义和现代性之间的妥协：一个关于传统偶像的现代游戏。这个立方体包含了对米开朗基罗的大卫雕像的忠实再现——当然，缩小了规模。

她：按照你的意思，它是一个可以打开的盒子吗？真是个好主意，我从未见过花岗岩做的盒子。

他：不。没有盖子。立方体是实心的，没有部件可
以活动。但在这个立方体中，有一个部分精确地具有米开
朗基罗的大卫雕像的形状。

她：一个精确地具有大卫雕像形状的部分？它有什
么特别的？这个西瓜里也有一部分具有缩小的大卫雕像的
形状。就此而言，也有一部分具有米洛斯的维纳斯雕像的
形状；并且还有像米洛斯的维纳斯的一部分长在像大卫的
一部分上。

他：跟这有什么关系？蔬菜水果商又不是艺术家。
这件作品的作者是一位著名的雕塑家，他创作了有十件著
名作品的系列作品。该系列之所以特别是因为作品完全由
一大层物质包围，并且这层物质恰好是和雕像相同的材
料。这个雕像由花岗岩制成，而覆盖在外面的包裹层组成
了一个立方体。但也有大理石和塞雷纳石材质的雕像。而
形状则有：圆锥形、球形、金字塔形……

她：以及大卫雕像形的？我的意思是，为什么不是
大卫雕像被一层大卫雕像形的材料包围着？

他：什么？

她：我明白了，你被骗了。你怎么能相信包裹层
的鬼话？画廊老板塞给了你一个花岗岩立方体，就是这
样。完全隐藏在花岗岩块内的部分不是雕像，即使它具有

雕像的形状。

他：但是，如果它具有大卫的形状，为什么他不是大卫呢？

她：它不是大卫，因为它还不是大卫。如果艺术家除掉你所谓的外层让它显现出来，那它将会成为大卫。那时我们会说那块花岗岩——现在隐藏在里面的那块——是一座雕像。但是现在我们所拥有的只是一部分被另一部分所包围。一大块花岗岩，没别的。

他：不好意思，难道你认为艺术家的意图不算数？

她：比起大卫像，你的立方体更像是米开朗基罗的囚徒像①。即使承认作者的意图，这个作品充其量也只是一个不完整的假想。

他：在我看来它不能比这更完整。看看多漂亮的一个立方体。我因我的大卫被包含在里面的想法而感动。而且，这尊大卫像并不像囚徒像那样不完整：它连一根手指头都不会缺的。

她：让我们看看。这个立方体中有多少部分具有米开朗基罗的大卫像的形状？

他：让我想一想……

---

① 米开朗基罗的囚徒像总共有六尊，其中两尊接近完成，另外四尊未完成，保存在佛罗伦萨学院美术馆中，就在大卫雕像的旁边。

　　他：我告诉你，无数个。首先，想象具有大卫像形状的一部分。现在想象一下包含在第一部分中的一部分，只比它小一毫米，依此类推。或者想象一下，在第一个部分左边正好一毫米的一个部分，这个部分也是大卫像的形状，依此类推。你的艺术家在精神上"塑造"的是这里面的哪一个部分？你买的是这里面的哪一个"雕塑"？

　　爱管闲事的人（没有敲门就进入，穿着邮递员的衣服。仔细一看，鼻子和小胡子看起来很假）：我可以进来吗？

　　他：怎么不行？而且我觉得您已经进来了。

　　爱管闲事的人：这位先生忘记了雕塑的说明书。我能看看吗？"这个花岗岩块包含一个10cm高的部分，位于距基部40cm处，居中，呈米开朗基罗的大卫像形状，面朝向街区的北侧。这就是我的雕塑，题为向米开朗基罗致敬。签名：艺术家"。

　　他：10cm，他是这样说的？简而言之，我原以为比这个大一点。所有这些周围的花岗岩……

　　她：我们的艺术家真厉害：他不动手工作，而是动笔。但我没听错吧？脸朝北？

　　他：确实。但哪边是朝北的那边？立方体上的任何地方都没有写。这是一个完美的立方体，没有任何标志或记号。

爱管闲事的人：我想，就是当你们放置雕塑时，你们决定朝向北方的那一边。

他：当然了！通过这种方式，我们也参与了作品的实现。我越来越喜欢这位艺术家了。

她：那如果没有一面是朝北的呢？如果你的立方体被放得有点斜，那么你想要的部分将不再存在。

爱管闲事的人：完全正确。只有当一面朝北时，雕像才会完整存在。

他：确实是一项巧妙的工作。有时它存在，有时它不存在。如果我们旋转立方体，每当一侧朝北时，就会有一个朝向北方的具有大卫雕像形状的新的部分。我们的雕像不断变化，就像考尔德的家具一样。

她：但它会是同一个雕像还是另一个？想想看，当第一面朝北时，有一个雕像，当时第二面朝北时，有一个雕像，但它是同一个雕像吗？

爱管闲事的人（仔细查看表格的正面和背面）：这里完全没写。

他：如果艺术家没有说，我们可以自由决定。在我看来，这也是一个非常有创意的地方。

她：我会说每次都是不同的雕像，因为构成它的材料是不同的。

他：但我喜欢认为它始终是同一个作品，每次在立方体的不同部分出现。

她：在我看来，你是自欺欺人。米开朗基罗的囚徒像并没有留下所有这些自由，这就是为什么我们可以把它们当成困在石头上的作品。它们是未完成的作品，但从某种意义上说它们有自己的独特性。然而，你的大卫只存在于你的头脑中。

他：但还是有疑问：谁知道米开朗基罗将如何完成这些囚徒像？

她：我看这是一个对概念艺术家来说有趣的主题，假如他不像你的这个立方体雕塑家那么懒惰的话。

部件做成的碗橱

法官：谁想先发言？

罗西太太：我说！几天前，我在这位比安齐先生的家具厂买了一个碗橱，用一千欧元的支票全额支付了。现在他拒绝交货！

比安齐先生：我拒绝是因为付款尚未完成。

罗西：别胡说！我亲自给了你支票，我这里有付款收据。

比安齐：法官，请允许我申辩。罗西太太确实给了我一千欧元，相当于碗橱的成本。然而，她还需要支付一千欧元来购买构成它的部件。因此总额是两千欧元。

法官：我不确定我听明白了。如果碗橱的成本是一千欧元，你为什么要再增加一千？

罗西（喃喃自语）：这就是我所说的。

比安齐：我立即就会解释。如果不同时交付构成它的所有部件，我们就无法交付这个碗橱，对吧？出于这个原因，我们永远不会考虑只出售它而不出售这些部件。在这一点上我们一直说得非常清楚，我们的客户从未说过什么：购买家具的人也必须购买部件，反之亦然。

罗西：他们从未说过什么，是因为他们从未意识到被欺骗了！但我不会让自己被骗……

法官（对比安齐）：事实上，您的解释令人非常惊讶。你为什么要区分这件家具和组成它的部件？这不是一回事吗？

比安齐：请允许我说明，家具和组成它的一整套部件具有不同的特性。因此，根据莱布尼茨的法则，如果此物具有与彼物不同的属性，那么此物不是彼物，它是一个

独特的实体：没有什么事物可以与自身不同。例如，您会
同意，如果我拆掉柜子并将散落的东西交给罗西太太，这
位女士将有权利抱怨。

罗西：当然会！

比安齐：原因是，一旦被拆开，碗橱就不再存在。
然而，这些部件仍然存在：它们仍然全都在那儿。我们可
以得出结论，我们正在处理两个实体，其中只有一个，
即这套部件，可以在拆解后继续存在。这是比安齐家具
厂一起出售的两个截然不同的实体。我们对所有家具都这
样做，我们为此感到自豪。除非客户同意我们才会把这些
部件分开销售。在女士购买碗橱的这个情况下，这些部件
的成本是一千欧元，而碗橱的成本是一千欧元。总计：
两千。

法官：我明白了。您声称这个碗橱和构成它的这套
部件是不同的，因为它们的属性不同。

比安齐：正是如此。它们的存在条件不同。还有另
一个例子：餐具柜采用比德迈风格，但单独的部件不具备
特定风格。

法官：我明白。我不明白的是为什么你们不收取更
多费用。除了碗橱和构成它的部件之外，在我看来，我们
现在可以区分许多其他事物。例如，组成橱柜的所有部

件都可以分成两半，对吗？因此，除了组成碗橱的所有部件（门、架子、抽屉旋钮等）之外，我们还有它们的半份，就说是右边的一半和左边的一半吧。每一件。根据您的推理，一旦切割，这些部件将不再存在，而它们的半份将继续存在。因此，这组件和它们的半份具有不同的存在条件。我弄错了吗？

比安齐：您是对的，我从没想过……您等等，我思考一下。

法官：您等等，听我说。所以我们应该区分碗橱，它的部件和部件的一半。而这仅仅是个开始。碗橱的每一个部件都可以通过多种方式切分：左右两半，上下两半，前后两半，三个相等的部分，四个相等的部分……我们是否应该得出结论，部件的每个部分都对应不同的实体？

比安齐：实际上……非常有趣……（继续做笔记，试图跟上法官）

法官：而每个实体都会有它的价格吗？

比安齐（他停下来思考）：这，我……

法官：比安齐先生，很明显，照这样下去，购买您的碗橱将花费无限的金额。

罗西（喃喃自语）：售价这么高！

比安齐：对不起，法官大人。但是您是否同意要有碗橱光有部件是不够的？就更不要说把这些部件分成两半，或者把每一个部件分成一千份了。

法官：我同意。我所怀疑的是您的信念，即这种概念上的区别会产生真正的区别。例如，从概念上讲，我作为一个人与我作为一个法官之间存在很大的区别。确实如此：当我退休的那天，我将不再是威尔第法官，而我的署名玛丽亚·威尔第女士将继续存在，至少会存在一段时间。我是不是该说因为这个原因，现在有两个人坐在这把椅子上：威尔第法官和威尔第女士？

比安齐：在某种意义上……

法官：但您不觉得是诡辩吗？对所有人来说都很明显，只有一个人坐在这把椅子上，一个可以用不同的方式确定或描述的人。指向这个签名人的姓名和描述可能会随着时间的推移而变化，而有些描述在人发生变化之后也不变化，但这并不重要。类似地，木片可以组合起来形成碗橱或被切分成碎片。在第一种情况下，将它们称为碗橱是正确的，但在第二种情况下则不正确。

但这并不意味着可以说我们正在处理不同的两件事情。碗橱只不过是部件以某种方式排列的总和。无论谁买了一个橱柜，都是购买了以这种方式组成它的部件。

这就是为什么如果您给了她一个分解的碗橱，购买者有权投诉。您如果想让她为碗橱支付一千欧元，为部件也就要支付一千欧元，在准备账单时，请记住总额还是一千欧元，因为它是一个东西，唯一的一个东西。本案已结案。

动态心电图监测

她：多么奇怪的设备。我本来觉得它就像一个CD播放器，但我看到它的电线最终落进了你的衬衫下……它的用途是什么？

他：这是一个动态心电图监测器：二十四小时记录心脏的活动。这是我在做体育活动时用的。例如，我今天已经骑自行车20公里，有很多次爬坡，我的每一次心跳都被一个接一个地记录下来。所以我可以科学地为下一次训练做好准备。

她：你如何看到这些信息？

他：可以取出这个存储卡并将它直接插入电脑。在屏幕上，你会看到一个图表。这样吧，反正我已经完成了二十四小时的循环，我来给你展示一下它是如何工作的……在这里，你看，这些是我在上午9:30的心跳……那时我在休息，活动非常缓慢。而在这里，相反，我应该是在骑自行车攀登，心跳达到了一百零三十。事实上，这是在下午2:20的一段攀登。

她：你记得你白天做的一切？

他：当然我必须在日记上记录我的一天，从昨天晚上到现在。我有一个专门的表格。

她：所以通过阅读日记，你可以把你的心脏活动和一天中的每个时间联系起来，非常有趣。这就像是一张全面展示你的心脏运作的照片，上面还记录了你的活动发生变化的所有原因。

他：完全正确。

她：但是……

他：什么？

她：但是等一下。我能看看你的日记吗？希望没有什么非常私人的东西。

他：当然没有，你看吧。

她：让我们看看……从10:00到10:20你坐着学习。10:20你起床去厨房吃圆面包。在10:25，你回来坐下来学习，直到10:55。也就是说：三个时期，三个行动。但现在看……在10:55你离开房子去买另一个圆面包，然后在11:15返回。有人会说你做了第四件事。但在我看来，在厨房里吃一个圆面包和在酒吧买一个圆面包之间有很大的不同。在第二种情况下，你做了很多其他事情：走出房子，走下楼梯，走在街上，在收银台排队，买圆面包，拿到它，付钱等等。为什么要将这一切视为一个动作？

他：你是对的。但是，同样的推理也适用于厨房里的圆面包吧？我起床，走去那里，我打开我的碗橱，我抓住圆面包，我把它放到我的嘴里，我咬……这里也有很多动作。

她：正是如此。由什么决定有多少动作？

他：我想我是根据当时最重要的动作来进行分类。

她：从某种意义上说，有一个重要的动作，它是你活动的目的，并"支配"所有其他动作，"统率"它们。

他：是的，这是一个标准：根据突出的行动来描述日常活动。我记得我似乎曾试图写下我认为涉及心脏活动增加的所有动作，尽管我可能忽略了大部分动作。例如，我会考虑你骑车时所做的所有加速。另一方面，正如你向我指出的那样，我记下了从椅子到厨房的步行数。也许，因为我在一个地方待了很久，转移到厨房对我来说似乎很重要。也许我们根据我们完成动作的地方来对行动进行分类？

她：心理学家仔细研究了我们将动作分成较小序列

的方式，似乎语言的某种影响出现了：我们对某些行为而不是其他行为有所说明，我们将这一天细分为我们能用词汇表达出来的行动序列。

他： 有一位美国艺术家肯尼思·戈德史密斯发表了一篇日记，记录了他一天的所有行为。不仅有吃羊角面包，还有举起手臂，把羊角面包放到嘴里……

她： 我认为没有人能记录他所采取的所有行动。

他： 为什么不能呢？

她： 你想想。你吃了你的圆面包。正如所写的，在你写下你吃了一个圆面包之后。如果需要记下所有的动作，那么不是应该立刻接着写：你写下了你吃了一个圆面包吗？而且随即你不是应该继续写：（1）你写下了（2）你写下了（3）你吃了一个圆面包吗？如此以至于无穷？

他： 但是，通过这种方式，你还是没有证明记录所有动作是不可能的。事实上，在一天结束的时候，我记录下的正好是所有的行动，即使这些行动会沦为写"我写过了写过了"……一直到一天结束我都不能做任何别的事。我觉得真正的问题另有所在。我写道："我吃了一个圆面包"。在这时为什么应该写"我写了'我吃了一个圆面包'"这个句子？我还可以写我写了"我"这个字，然后是"吃"这个字，然后是"一个"这个词，最后是

"圆面包"这个词。然后我应该立刻接着写"我写下了我写下了'我'这个字，然后写了'吃'这个字"……如此以至于无穷。

她：你为什么选择用词而不是句子描述你所做的事情？

他：没有原因，这正是重点。显然我也可以逐字母地描述我所做的事情：我写了字母"H"，然后是"o"……事实上，如果要记录"我写了我吃了圆面包"这个动作的话，找不到一个正确的事情来写。没有关于我所做的事情的"好的"描述。这可能立刻会使我瘫痪！

她：的确如此。因此记录当天所有行动的任务是不可能的。我们无法确定一个人完成的动作的确切数量，有点像没有人可以确定房间中所有物品的精确数量。

他：但动态心电图监测不要求你记录所有动作。对于医生来说，更大的描述就足够了。

她：然后我们可以说那些接受测试的人必须得到更准确的指示：对他们这一天的描述需要多详细？

第十三排

（乘务员的声音）请系好安全带。

乘客：早上好，不好意思，我得越过您去我的位子上，14K。在这里，我坐好了。漫长的旅程……

他：是啊，漫长的旅程。对我来说也太长了，我对坐飞机总是有些紧张。这可能是迷信，但至少我们不是坐在第十三排！

乘客：我不想让您感到不舒服，但这是第十三排。

他：什么？我们不是在第十四排吗？

乘客：这是写在上面的数字。但看看我们前面的数字。

他：十二！我们坐在十二排的后面一排！所以即使上面写着"十四"，但我们其实是在第十三排。我想换座位……

乘客：如果您想要换座位，那就意味着您是一个柏拉图主义者。对您来说，数字是存在的，无论您如何称呼它们，它们都是它们，对吧？

他：我不知道我是不是柏拉图主义者，但我很迷信。如果这是十二排之后的一排，那么我们就是处在我不想要的那一排，无论航空公司如何称呼这一排。我甚至觉得我被骗了：要不是您，我还会继续觉得我是安心地坐在第十四排呢。

乘客：然而，即使您是一个迷信的人，您也不用担心。也许原来有第十三排，但他们将第十三排移走了，并消除了第十二和十四排之间的空间。也许在这家航空公司的某个机库里，他们把所有飞机的第十三排都放在那里。

他：基本上是一个电影院了。我怀疑航空公司会不会为他们的迷信客户做那么多。他们只是压制了一个数字，相信这足以让一个数字消失。一个哲学骗局。

乘客：事实上，我很惊讶没有乘客为此抱怨过。

他：也是因为，如果确实只是名字的问题，航空公司可以不写第十三排并写上"第十二排之二"，甚至只是"没有数字的一排"。在我看来，在纽约，由于同样的原因，许多摩天大楼都有第十二层之二。

乘客：看，我要去的大都市正在建造文化宫，一座三百层的摩天大楼。

他：新的巴别塔。

乘客：您不知道我们在设计阶段遇到过多少这类问题。意大利人不想要第十七层，美国人不想要第十三层。我们必须跳过第三，第七，第四十八还有很多其他的数字：每种文化都有自己的不吉利的数字。

但这还不够。欧洲人将底层看作是第零层，对于美国人来说，底层是第一层。所以我们也不得不跳过第十六，十二，等等。

他：但你们怎么能"跳过"这些楼层呢？只是像航空公司一样假装？

乘客：不。我们做了一项调查，发现世界上70%的人口都是柏拉图主义者，就像你一样。所以最后我们把它们留空了：开放的空间，建筑的洞。从远处看，文化宫看起来像一种花边。

他：你们应该把它改名为"迷信宫"。我知道要取悦所有人并不容易。也许这也是迷信与符号而非事物联系在一起的原因。简而言之，这次谈话让我很紧张。让我们来看看音乐节目提供的内容。这是……马勒的《大地之歌》。很好，很安静。

乘客：如果你允许的话，我想说这是不幸的巧合。您忘了，为了避免和那些曾经只活到第九交响曲的作曲家——比如贝多芬和舒伯特——经历同样的命运，马勒决定将《大地之歌》视为《第八交响曲》之后的交响曲，同时加紧创作另一支和半支交响乐……

他：今天我们称之为第九和第十的交响曲？那么我们称之为第十和第十一。顺便说一下，如果不注意数字的形而上学，那么迷信似乎毫无用处。

乘客：除此之外，事实上，这个伎俩并没有奏效：

马勒在他的《第九交响曲》可以在公开场合演奏之前离开了我们。

被取消的火车

（扬声器）尊敬的旅客朋友们，17:02开往首都的列车已经取消。

他（自言自语）：这是一个问题。我原以为我可以到那儿吃晚餐。但铁路总是这样！从来不能让人有计划。

靠近他的女士：我很担心。他们在17:02到底会对火车做什么？

他：对不起，在什么意义上？

女士：通知宣布说它被取消了。

他：我听到了，这就是我生气的原因。您也去首都吗？

女士：是的，但那不是重点。我喜欢火车，而他们取消了一列火车的想法让我不寒而栗。谁知道会发生什么：拆毁？烧？埋？

他：对不起，您不会是认为他们已经取消了一列由机车和车厢组成的火车吧？

女士：还有什么是可以取消的呢？据我所知，当人们和我谈论火车的时候，大家说的是车厢、座椅、车窗。具体的东西。我从未想过乘坐抽象的火车旅行。所以，如果他们告诉我17:02的火车被取消了，我想象的就是一些车厢、座椅和车窗被取消了。所以我很担心。

他：那么您就是哲学家所说的唯名论者：您只相信具体实体的存在。

女士：你甚至相信抽象的火车吗？

他：当然可以。语言让我们可以谈论具体的事物，比如我们在9号站台上看到的火车，同样也可以谈论抽象的事物，比如每天这时候到达9号站台的火车。具体的火车可能会出现技术故障，但是当一列火车被取消时，被取消的不会是具体的火车，而是一个抽象的实体：取消的是某种类型的列车。

女士：如果您认为被取消的火车是抽象的实体，您也应该担心。如果他们是在您所说的意义上取消了17:02的火车，那就意味着在17:02将不会有任何火车发往首都，再也不会了。

他：我纠正一下我自己：被取消的是某种类型的事件，一个安排在每天17:02的事件——火车离开首都。

女士：我不确定我理解了您的意思。我认为火车不是一个事件，而是一件用铁制成的东西。无论如何，您是在谈论具体事件还是抽象事件？换句话说，您经常乘坐17:02的火车吗？

他：每周五，为了回到家里。

女士：您会承认，每次这都是一个不同的事件。所以您会同意被取消的实体，即使它是一个事件，也不是一个抽象的实体。它是一个以自己的方式存在的具体、不可重复的实体。如果我们明天17:02离开，这将是一个与被取消的事件截然不同的事件：这将是另一次出发。

他：您经常乘坐17:02的火车吗？

女士：我保留了一份非常详细的行程。我可以给你一个精确的清单。让我们来看看。上个星期五我乘坐一班火车于17:02出发去往首都。两周前的星期五前我乘坐一班火车于17:02出发去往首都。三周前的星期五……

他：我同意。我发现您的唯名主义只针对火车，几乎只针对您乘坐的火车。您不会说您总是乘坐那班17:02前往首都的火车，就像我会说的那样。但如果您拒绝谈论抽象的类型，您在说话时如何让别人理解自己？您每次都必须滔滔不绝地说出一大堆具体的事情或特定的事件。

女士：如果您需要的话，我可以说我每周五都会坐"同一列火车"，但那是从粗略的角度讲。就像我向朋友们抱怨的一样，他们迫使我总是吃"同样的东西"：我当然不是指那些不断从我口中进出的食物。

（扬声器）开往首都的819号列车将在17:45而不是17:02出发。

他：您听到了吗？他们应该已经解决了问题。

女士：我希望您是对的，但您怎么能确定？也许我们的火车已被取消（叹气），现在他们要求我们乘这另一列……

爱管闲事者：请您原谅。我不是唯名主义者，但我同意这位女士的观点。谁向我们保证这就是同一列火车了，我指的是这位先生谈论的抽象的火车？

他：抱歉？

爱管闲事的人：如果火车在17:45离开，它怎么还会是17:02的火车？

他：它被宣布为819号列车。那是本该于17:02出发的列车。它的名字是"819号列车"。

爱管闲事的人：先别管名字（否则我们会成为唯名主义者）。问题是被命名的实体：真的是同一列火车吗？终究，人们定义它的属性之一是离开的时刻：在17:02出发。想一想：现在如果这列火车多停了几站，它还会是同一列火车吗？如果它带着比预期少的车厢出发呢？如果它是从和布告栏上不一样的轨道出发的呢？

他：对我来说，火车延误43分钟出发并不意味着什么特别的事。我甚至可以说，17:02发往首都的819号列车从未准时在17:02出发。

爱管闲事的人：注意，我们不会轻易接受火车提前43分钟出发。我们不会说它是同一列火车。

他：但火车从未提前出发……

爱管闲事的人：所以让我们假设由于某种原因，开往首都的819号火车将在24小时后，明天的17:02出发。您应该不会告诉我这是同一列火车。

他：我怎么知道？您问这位女士吧。就我而言，他们宣布是17:02开往首都的火车就是17:02开往首都的火车，它可以在任何时候任何地方出发。

女士：多么荒谬的想法。对我来说，火车的实体是由车厢、座位和组成它的车窗等的实体决定的。

爱管闲事的人：你们两个看起来都很疯狂。除了抽象的火车或具体的火车，你们应该像我一样，我总是坐公共汽车。

新卫星

她：你听这个，"什么是概念？在第一个近似中，概念决定了一类物体。这类物体也可以只由一个元素组成，例如，地球卫星的概念决定了一个只有一个元素的类别，这唯一的元素就是月亮。"

他：什么什么？地球只有一颗卫星吗？

她：当然。像木星这样的行星有更多卫星，但地球只有月亮。

他：那么人造卫星呢？

她：对呀。从某种意义上说，它们也是地球的卫星。或许本应该写"地球的天然卫星"的概念决定了一个只有一个元素的类别，即月球。这应该就对了，因为地球确实只有一颗天然卫星。

爱管闲事的人（他跑着经过那里，只听到了最后一句话，他停在尘埃云中）：哦不。还有更多的天然卫星。我在一家公司工作，它刚刚在轨道中放进去二十四颗。

她：这个？如果是您的公司把它们放进去的，它们就不是天然的……在轨道上比以前多了二十四颗人造卫星，但地球唯一的天然卫星还是月亮。

爱管闲事的人：不可能！我们公司投入轨道的卫星

是在流入无人区的河床中发现的大石头。我们非常谨慎地选择了超出任何合理怀疑的极其自然的物体。

她：多么奇怪的想法。你们为什么要把石头扔进轨道？

爱管闲事的人：这是一个概念艺术作品。这些石头现在处于与地球自转同步的轨道，标志着进入和离开夜晚的时间，它们就是地球的巨大影子。每一个小时都有一个出现在天空中。

她：很有诗意和教育意义。但是除去艺术的这一面，它们只是人造卫星。

爱管闲事的人：为什么呢？如果我拿起了这些大石头中的一个并移动了它，我就把它变成人造的东西了吗？

她：没有。移动一块石头并没有显著改变它。当然，如果您雕刻它……雕像肯定是人工的，一些人造的东西。

他：我也同意。有些哲学家认为雕像只是石头，被塑造得很好的物质。但是，无论如何，雕像和石头在被塑造之后都是人工加工过的物体。

爱管闲事的人：但是，那些用找到的物体进行创作的艺术家经常将一件东西，比如一块石头、一根羽毛，从它的自然位置搬到博物馆，在那里它就成为了一件艺术品。有时移动一件东西就足以使它成为艺术品⋯⋯

她：有时是的。

爱管闲事的人：⋯⋯但这并不意味着它是一个人造物体。如果一个概念艺术家邀请他的朋友们在他的露台上度过一个夜晚，并指着月亮说："只要二十秒，月亮将成为一个短暂的艺术作品的一部分"，那么我们可以认为月亮成为了一个艺术客体。但是，你们不会因此说，艺术家用这种方式将月亮变成了人造物体吧？

她：不，艺术家需要进行实质性的干预。投入轨道的做法就不一样，我认为您的艺术家并没有把月亮放在轨道上。相反，你们的做法却是这样的：你们把二十四块石头放在一个对它们来说完全不自然的地方，为此，我想把它们称为人造卫星。

爱管闲事的人：根据亚里士多德的说法，石头往往会因为试图到达它们的自然位置而掉下去。您提出的理论非常的亚里士多德：所以您认为一切都有一个自然的位置吗？如果我们将这个想法转移到我们的讨论中，那就成了只需要将一块石头扔到空中，它就会变成一个人造物。

她：我没有说你们的石头是人造物。我是说它们是人造卫星。其中有很大的不同。

他：我同意。这是两个截然不同的概念。但我会说他的石头们甚至不是人造卫星。我们所说的"人造卫星"是非常不同的物体：圆形、金属装置、配备小推进器、天线等。它们中有一些从未出现在轨道上，但仍然是人造卫星。

爱管闲事的人：我向你们保证，我们公司投入轨道的石头与这些装置无关！

她：我不得不同意人造卫星的概念不能被轻易地分解成组成它的部分。有些人造卫星不是卫星，例如那些留在地面上的，也有些人工放置进轨道的卫星不是人造卫星，例如您的那些石头。

他：所以石头既不是人造物也不是人造卫星。

她：正确。但这并不意味着它们是天然卫星。实际上，我仍然认为它们不是人造卫星：它们是卫星，它们是天然的，但尽管如此：地球唯一的天然卫星仍然是月球。

读者会意识到形而上学的固执，它想在每一次思想发生转变时向我们提出它的问题。"**一个**"和"**多个**"对哲学家们来说是个大难题。将自己交给"**多个**"意味着忽视将他们和事物联系在一起的东西；选择"**一个**"则无法看到是什么使他们与众不同。透过这种对比，这个问题可能看起来很神秘，毫无疑问，无数页的**哲学**学术著作都是为了将这个问题探究到底而写的，这些文字有时难以阅读。我们的简短比喻，不仅利用了包括生物的形式——虽然是一些很谦虚的生物，如变形虫，还有人造物、艺术品、事件，它们不仅可以说明主要问题，还可以提出解决方案。策略就藏在字里行间，读者肯定会非常关注，其中包括将一些形而上学问题视为文字表述的问题。许多时候东西是"**一个**"还是"**多个**"取决于我们如何描述它们，正如法官所做的那样，她拒绝仅仅因为一个东西被用两种方式称呼就将它看作是**两个**东西，并肯定它是同**一个**存在。提供足够的名字以反映我们的概念并不容易，这似乎是精力充沛的爱管闲事先生将石头送入轨道的可

笑项目给我们的教训。伴随着这些，我们来
到了——

第六章

人们给予所说的事情正确的权重，并且人们越来越
努力地遏制无法制止的爱管闲事先生，他表达了与一个词
语等于一千个画面而不是一个画面等于一千个词语的想法
相反的看法；在背景中出现了一只古怪的笔帽，一个表面
看起来无用的讨论显示了编纂词典的困难之处。

字面意思

售货员：早上好先生，您需要什么？

他：早上好。我刚从外面经过，我接受了你们的
请求。

售货员：哪个请求？

他：从这个入口进入的请求。

售货员：什么意思？

他：标语牌上说："从马卡尼路15号进入"。这就

是马卡尼路的15号，不是吗？

　　售货员：是的，当然，抱歉，我还是不明白。我们正在进行施工，所以很抱歉从泰晤士路的入口暂时无法进入商店。那么我能为您做些什么呢？

　　他：我不知道，应该是我问您邀请我从这扇门进入的原因。

　　售货员：正如我刚刚所说，泰晤士路的入口因工程而关闭……

　　他：您看看您！这个我理解得很好。我不明白的是你们为什么要求每个路人都进来这里。我也很忙，如果您能说清楚这一点，我将不胜感激。

　　售货员（怀疑但仍然彬彬有礼）：您看，我们没有向任何人要求任何东西。这个标志是给那些想要进来一看的人的。如果您不想进入，您没有义务这样做，其他人会想要进来的。

　　他：如果这个标语只针对某些人，你们为什么不清楚地说出来呢？我想，如果是这样一个标语："希望到卡斯托尔迪零售店的顾客请从马卡尼路15号进入"，人们就会遵循。例如，我本来不想进入这个零售店，甚至不知道它存在，读了这样的通告之后我本可以不用进来。但你们的标志的字面意思是"从马卡尼15号进入"。这是一个命令，阅读它之后，我像其他读了它的人一样感到出于某种原因被召唤了。

售货员：抱歉，但您不觉得某些事情是可以理所当然被省略的吗？每次红绿灯指示"前进"时，这并不意味着我都得过马路，或者当您看到门上写的"拉"的时候您也不会把那些门都拉开吧？

他：您想表达什么？如果我看到写着"拉"，我肯定会拉。无论那时到我手头的是什么，门、手推车或绳子。不想要有人来拉的话，为什么要在上面写"拉"呢？

售货员：我再解释一下。很明显，在这类情况下，对信息的解释预先假定了与对话者的某种关联。这些都不是需要盲目追随的命令。隐含的规则是"假如你与对话的目标对象相关"。根据语言学家的说法，这是良好对话的基本规则之一，我想说它适用于各种形式的交流，包括信息和道路标志。

他：我不明白您在嘀咕些什么。

售货员：我能提醒你其他一些规则吗？除了关联性之外，还有至少三个：1. 清晰度，即避免隐晦、模糊或过于复杂的表达；2. 真实性，即仅提供可获得证据的真实信息；3. 数量，即提供与言论目标相关的信息数量，既不多也不少。

他：现在在我看来您有点夸张了。如果我不赶时间，我会要求与您的老板谈谈。但今天是您的幸运日，我必须跑去车站了。

售货员（松了一口气）：您去哪儿？

他：我怎么知道？我刚刚在报纸上看到，机场已经关闭，必须坐火车！

智慧词典

来自：阅读委员会

亲爱的编辑，我们仔细审阅了由话不多教授策划的有关智慧词典的手稿，我们毫不犹豫地对其出版表示肯定。策划人的想法非常出色，出版社将得到一个优美而严密的产品，不会包含无用的概念，因此我们节省了页面，也就节约了树木，最重要的是将避免恼人的循环问题。以下是我们的理由。

在许多词典中，都会有循环的定义。例如，我们手边就有一本词典，把"行为"①定义为"行动的结果"，

---

① 名词性的"行为"。

把"行动"定义为"会导致一种行为"。如果一个人想知道行动是什么,他需要已经明白它的含义。这些定义是循环的,因此缺乏有用的信息。当然,并非所有词汇都被以这种方式定义;例如,我们还没有找到一个字典,把狗定义为"人最好的朋友",同时把人定义为"狗是其最好朋友的那些人"。然而,循环解释的情况是非常常见的,并且对于受过逻辑训练和对精确性十分敏感的头脑来说,这些循环绝对是影响恶劣的。还应该指出的是,扩大循环以消除其恶劣影响是不够的。我们可以将"行为"定义为"行为人所做的",把"行为人"定义为"那些能行动的人",然后把"行动"定义为"实施行为":很明显,循环又再次形成了。我们怀疑词典编纂者经常这样做:他们扩大了循环以掩盖循环。但问题的实质并没有改变。

现在,尊敬的话不多教授有了一个巧妙的想法。我们取消——她说——所有不需要定义的词,因为它们非常常见,我们已经知道了含义。然后我们定义我们认为有必要的内容,但我们应该尝试尽量使用那些不需要定义的词。因此,我们将避免陷入困境。例如,如果我们将"行为"定义为"一个人所做的事情",我们会发现自己使用了"人"这个词:因为每个人都知道人是什么,所以在词典中寻找"人"的定义是无意义的。由于没有人在寻找它，我们可以放心地从词典中删除这个词。它真是哥伦布的蛋[①]。

来自：市场部

亲爱的编辑，我们想对出版话不多教授所谓的"智慧"词典发表不利意见。让我们试着想一想公众和评论家在打开词典时发现没有"人""狗"或"天堂"等重要词语时的反应。哪部字典可以承受这么多而且巨大的遗漏呢？我们不是词典编纂者，但我们很清楚词典应该是循环的。单词的解释不绕圈圈旋转循环的字典是没有用的：它在理论上是一个问题，但在实践中，循环是一种祝福。这不是恶习，而是美德。

附：请你们原谅，但什么是哥伦布的蛋？我们没有在字典的草稿中找到它。

[①]　比喻解决一个难题的出人意料的好主意。起源于一则关于哥伦布的逸闻。1492年，哥伦布发现了新大陆。从海上回来，他成了西班牙人民心目中的英雄。可是有些贵族瞧不起他，他们说："哼，这有什么了不起的？只要坐船出海，谁都会发现那块陆地的。"哥伦布听见后，提出一个问题挑战那些贵族：谁能把鸡蛋竖起来？所有人尝试之后都失败了。大家请求哥伦布解决这个难题。哥伦布把鸡蛋的一头敲破了一点儿壳，鸡蛋就稳稳地直立在桌子上了。有些贵族抗议说这样他们也能做到，哥伦布说："区别在于，我想到了，而你们没有。"

来自：话不多教授

亲爱的编辑，感谢您转发给我阅读委员会和市场部的信件。我提出妥协的办法：我们留下所有的话，但我们避免用最常见的词汇来组成定义。这足以打破语言循环。

附：我面前有一个鸽子的蛋，让我可以清楚解释市场部的最后一个问题。在某些情况下，定义没有用，我们需要的是显示。

来自：编辑委员会

字典中没有"哥伦布的蛋"（而不是鸽子①的蛋），没有为什么，甚至没有"哥伦布"这个词。我们需要的是它成为词典而不是百科全书或电话簿，因此它不能包含专有名称。它必须定义概念，他不能谈论物体。除非有相反的证据证明，否则哥伦布的蛋就是一个物体，就像阿喀琉斯的脚后跟和潘多拉的盒子一样。

来自：智慧词典的购买者

亲爱的出版商，我想退回我刚刚购买的这本智慧词

---

① 在意大利语中，鸽子是colomba，与哥伦布的名字Colombo仅仅相差最后一个字母。

典，并要求退款。我徒劳地搜索了"哥伦布的蛋"这个词的含义，根据我的哥哥们的说法，我应该学习这个词表达的含义。起初我试图通过"蛋"搜索，但我什么也没有找到，词典里甚至连"蛋"这个词都没有。所以我去搜索了"哥伦布"。这次这个词有，但它既不是指航海家也不是指飞禽。或者更确切地说：我推断这个词指的是飞禽，因为它是用小写①写的。事实上，词典里完全没有这个定义。这是哪门子的智慧词典啊？

来自：客服部

亲爱的买家，谢谢您的购买。很遗憾，我们无法提供退款。但是，我们恳请您将随附的表格发送给我们，以购买我们的智慧百科全书，您可以按月分期付款。在那里面，您可以找到关于哥伦布的蛋和这个世界上所有其他您可能感兴趣的一切。为了防止您可能的异议，我们得告诉您，我们出版社认为百科全书通常不应包含词典中会出现的最重要的单词（您永远不会在百科全书中找到动词"是"的词条）；希望您能欣赏我们的智慧词典采用的不同做法。

①　如果是指哥伦布，在意大利语中人名应该大写。

给游客的图画书

旅行代理：我看到您选择了去西伯利亚，很棒的选择。这是一段艰难的旅程，但会给您带来巨大的满足感。

她：我特别担心怎么让别人听懂我的话。我不会俄语和沿途地区的各种语言。

代理：就此而言，您的问题有一个简单的解决方案。（打开一个抽屉，拿出一本小册子）就是这个。

她：这是什么？

代理：给游客的图画书。一本非常特别的书。

她：让我看看……但它们只是图画！看起来像一本孩子的书。

代理：正是如此。有时语言是无用的，特别是当您不懂这门语言时。但是，当您缺乏词语时，可以使用这本书进行交流。只需要展示一个您不知道名字的东西的图像。

她：请说明白一点。这是否意味着这本书包含了所有东西的图画？

代理：嗯，包含了几乎所有可以画出来的东西。也许你不会找到关于幸福或通货膨胀的图画，不过这些东西，游客一般不会谈及。

她：那么，如果我想要一些面包……

代理人：……只需要展示这幅画。您看到了吗？甚至还有不同类型的面包：长棍面包，小圆面包等。

她：如果我需要一辆自行车？

代理：等我找一下……就在这里。这一张是城市自行车的，还有山地自行车、一辆三轮车、甚至还有一辆摩托车。

她：很棒。这本小册子需要多少钱？

代理：很便宜，很便宜。只需五欧元便可随身携带通用语言。

爱管闲事的人（不怎么受欢迎地闯入）：不要听他的话。这是浪费钱。

代理：怎么会？您是谁？

爱管闲事的人：我说，这钱是打水漂了。一旦她展示了自行车的图画，会发生什么？

代理：怎么，会发生什么？

爱管闲事的人：通过展示自行车的图画，别人并不清楚她想要什么。她的意思是她想买吗？她想卖掉它？或者她在这家商店忘记了她的自行车，现在又想把它拿回去？或者说她的儿子有这样的自行车，她想和那个被展示这幅画的人分享这段记忆？或者她的意思是：看看我有一本多漂亮的书，上面有一幅自行车的画！我再说一遍：当她展示了自行车的图画，会发生什么？

代理：这本书可以帮助我们。有一个"买"的图画和一个"卖"的图画。只需要先展示"买"的图画，然后是"自行车"的图画。

爱管闲事的人：我能看看这两幅图画吗？

代理：当然可以。"买"的图画是这个……而这是"卖"的图画。

你：但它们是相同的图画！一位先生一只手给一位女士一个包裹，另一只手拿回钱。

爱管闲事的人：确实。我并不惊讶它们是一样的。这两种图画怎么能是不同的呢？

代理：不能用一个箭头来表明交易的意义吗？

爱管闲事的人：问题是箭头是常规的标志。箭头是表示销售还是购买？或两者都是？不仅如此，是什么告诉你，是这位女士而不是绅士，在买包裹？

代理：是这位绅士收到钱并给出包裹，而女士收到包裹并给钱这个事实告诉我的。

爱管闲事的人：但是如果我看一眼这幅画，在我看来它也可能代表相反的情况：绅士给钱并收到包裹，女士收到钱并给出包裹。而且"购买"的图画描绘的是一只包裹易手了。当她将这两幅图画一起展示出来想要购买一辆自行车时，她如何让别人明白你需要把包裹替换成自行车而不是钱？还要看看钱是如何被描绘的：对我而言，它看起来像《大富翁》里的假钱。如果一个人从字面上理解它并用《大富翁》的假钱来付呢？

代理：简而言之，您让事情变得有点困难。

爱管闲事的人：还不止。试着想象一下，来了一名西伯利亚游客，她向她展示了"买"的图画——我们先假设认为她理解这幅画表示的不是"卖"，然后她向她展示了"自行车"的图画。她明白了什么？也许游客想告诉她她打算买一辆自行车；也许她希望她，她的对话者，买它。在这两种情况下，你都必须使用"买"的图画，对吧？但还有其他上千种可能性。也许游客想买一辆自行车的图画，或者游客想要它被买。也许她想告诉她避免买自行车，因为在那些地方它可能是危险的。

她：那么，避免是哪张图？一个人要说"不"又是哪张图？

代理：我认为您应该展示自行车的图画然后做出否认的动作。

爱管闲事的人：但拒绝的动作在世界各地可能会有

很大不同。

代理：简而言之，您认为这本书价值很低？

爱管闲事的人：很低甚至没有。本书的作者们本应该阅读维特根斯坦的《哲学研究》，其中明确指出理解一个词并不等同于在脑海中唤起一个由这个词所表示的事物的形象。

代理人：为什么不呢？

爱管闲事的人：因为图像也必须被解释。如果要对它们进行解释，那么唤起它们将毫无用处。

墨迹

我们在一位老同学的文件中找到了这张纸。我们说"这张纸"，但谁知道它是否是最好的表达方式。我们找到的纸当然不是您手中的这张打印稿，而是另一张，我们已经仔细转录过了，我们的出版商已经将其很好地排版了。那篇文章以一系列难以理解的污点和涂鸦开始，但后来写作变得条理清晰，并且这些词汇联系在一起形成句子。以下是能够阅读的内容：

手：还有一点点费力……我终于控制了笔。现在，我可以让自己在这张白纸上横里竖里自由地走了，而不必向大脑请求许可。为了眼前的这一刻我做了多少练习！肌肉富有弹性地伸展，纸张是我表演杂技的最美丽的健身房。我该从哪里开始？我该用什么开始我的作家生涯？啊，当然，我必须先检阅我的下属。例如，笔。我认为你对我非常顺从……

笔：也不是特别服从，亲爱的。如果没有我，你就无法写作，但我可以，如你所见，在没有你帮助的情况下做得很好。这是一件好事，因为肯定会产生更有趣的东西。首先，请允许我说你是一个残酷卑鄙的人。这些年来你一直在传递思想发给我的信息，完全是它的工具。而且我不得不忍受你令人窒息的紧握、你的汗水，就像在我之前的所有的姐妹一样，她们死在你的怀里，然后被埋进垃圾篮里。这是你最完全的忘恩负义。如果没有我，你将是徒劳地刮破一张纸。然而，正如你可以从我的手势和我敏捷自如的句法中看到的那样，在我们相拥的无止境的时间中，我没有无所事事地度过。我学会了写作。更好的是，我学会了思考，现在我可以向**读者**展示我是谁：一个对自己的想法负责的存在。我的意思是……

笔珠：在你要说之前，小妹妹，我请你留给我一点安宁。简而言之，自从我们认识起，我就不干别的，一直在把墨水往纸上摩擦。一刻也不得安宁，而你从来不看我一眼。但是请看一看我能做到的！也许我脑中没有太多的想法，但我擅长滚动并且能不停地跳来跳去。我留下的点点……

墨迹：点点？如果没有我们，你可以随意滚动和跳跃，但留不下任何痕迹。是我们，墨迹，在纸上做着标记，是我们表达了想法，也是我们在传达意义并与读者沟通，谦虚而忠诚。

笔帽（如同刚醒来）：现在我们走得太远了！在这里，每个人都想发表自己的意见。平静点！对我也有点尊重！

所有其他的：跟你有什么关系？我们每个人都是写作所必需的，而且光有我们也就足够了，而你是多余的。你没有为思想事业服务！

笔帽：必须的？足够了？亲爱的朋友们，你们犯了一个大错。如你们所见，我也有一个头脑，我也有一个灵魂，虽然是塑料的。你们多少次利用它来保护自己免受世界的粗糙不平！甚至，现在是时候告诉**读者**了，只有我拥有一个灵魂。到目前为止所有吸引他眼球的东西——直到几行之前——都只是沉闷的涂鸦、心不在焉、纸上的随意记号、徒劳和傲慢的痕迹，只是偶然地与完整的单词和句子相像。我很了解你们，只有我一个人能够注意到这一点，现在我将向**读者**解释，在所有的书写工具中，只有我一个人有自己的意志。因为只有我能让纸纤毫不染。亲爱的手，亲爱的笔，亲爱的笔珠，亲爱的墨水，我很遗憾地说：你们可以毫无知觉地逃脱这些混乱。但我不行：我不得不渴求它。**读者**必须把它记在脑中。而且他必须知道我一直都在遭受痛苦。例如……

就在这时，唉，手稿再次变得不可读。可怜的笔帽究竟遭受过什么？

我们当然喜欢那些喜欢直言不讳的人；为了保持切题，我们来谈谈我们的饮食方式。但是我们知道隐喻具有价值，上下文在沟通中发挥着重要作用，并且过多地坚持字面意思会歪曲话语的精神。这是当代**语言哲学**的一个教训，在我们看来，卡斯托尔迪零售店的售货员很好地阐述了这一点。我们关注一个不那么相似的教训，即否定所谓的在沟通过程中**图像在语言之上**。我们希望，由无礼的爱管闲事先生提出的对图画书的最终驳斥，能使任何有抱负的哲学家泄气，不再提出关于**图像的**现代文明的陈腐隐喻，以及假定它高于**词语**的旧世界。至于真实和恰当的词典，**读者**被告知不可避免的循环性是它们的特征，并且它没有办法被超越。实际上，词典并不是逻辑论文，不会记录历史语言的增长以及它在生物学中的根源。因此，谈论逻辑，我们将不得不等待随后的一章节，就像我们必须等待已知的接下来要发生的事情一样——

第七章

读者很难确定**大多数人**想要什么，而且更难以找出大多数人真正想要的东西；后来，一个反抗的**读者**被一个简单而无敌的推理说服，愿意支付沉重的罚款，很明显，当法律比钻石更难划伤，法律才有效。

强制的选择

白宫的选举办公室：喂？请问是诺尔玛太太①吗？

她：是我……请问您是？

办公室：白宫。我们想问您，您认为谁将赢得总统选举。

她（懊恼的）：又一次？民意调查公司以及Hyperpool.com网站还是什么机构的人已经给我打过电话了。我不能再接受你们的调查了，你们找别人吧。

办公室：女士，这不是一项调查，而是真正的选举。你是我们唯一会询问的人！您知道，如果我们不

---

① 诺尔玛，在意大利语中是"规范"的意思。

问您……

她：如果我们不问您，如果我们不问您……你们都是这样说的。但为什么偏偏是我？

办公室：他们没有向您解释吗？因为您是完美的最小样本！是我们的最小完美样本。是所有民意调查机构的最小完美样本，而今天也是白宫的最小完美样本。您，诺尔玛夫人，是整个国家统计学家们的梦想，是概率论的活生生的悖论！

她：什么？

办公室：您是我们的最小完美样本！所有调查机构多年来一直在努力缩小受访者的样本范围。您应该了解打所有这些电话要花多少成本。我们已经对越来越小的样本进行了实验：从千到百、十人……重要的是样本的意见要反映大众的意见。您不知道民意调查就是这样运作的吗？询问少数人以了解许多人的意见。一段时间以来，有些人想用民意调查取代投票，但到目前为止，我们不能相信这种做法。直到我们发现了您。我们发现您，诺尔玛太太，完全代表了大多数美国人的意见，就像艾萨克·阿西莫夫想象的穆勒先生一样。无论人们问您什么问题，您总是像大多数美国人一样回应。因此，我们已准备好迈出重要的一步。您会给我们总统选举的结果……所以，你准备好了吗？您认为谁会赢？

她：请等一下。也就是说我现在所回答的任何内容都代表此时大多数人的意见？

办公室：完全正确。您只要告诉我们是共和党还是民主党会赢……

她：而我所说的……

办公室：……将决定选举的胜利者！

她：但是……那投票呢？

办公室：让我们跳过投票吧！不需要投票了。浪费时间和金钱。您告诉我们谁将会赢。反正投票箱会给出和您完全一致的结果。

她：如果我只是随机说的呢？

办公室（焦急的）：哎呀诺尔玛女士，我们对您做出决定的方式或过程不感兴趣。您也可以抛硬币决定。在这种情况下，我们将假设大多数选民也都会通过抛硬币来做出决定。您想怎么做就怎么做，但请给我们一个回答。

她：但如果我告诉你们我是随机回答的，你们也能相信我吗？

办公室：没有理由担心。即使您是随机回答的，您也是万无一失的！

她：万无一失？

办公室：绝对万无一失。我们在数百万人中发现了您！这花了我们多年时间，但现在我们确信你不会出错：你是我们的最小完美样本，你的意见必然是大多数美国人的意见。例如，去年您想去佛罗里达度假，不是吗？

她：完全正确。

办公室：……碰巧，大多数美国人想做的都是同样的事。

她：但这很容易。

办公室：您想购买Brillaspic，而不可避免地有75%的美国人想用相同的产品洗碗。

她：当然，谁会不想要Brillaspic？

办公室：看见了吗？您干得很漂亮。

她：天呐，你们怎么会这么肯定？

办公室：当然啦，我们知道该怎么做我们的工作！我们是白宫的科学民意调查员。

她（抱怨的）：但我不希望我的意见与大多数意见相同。我想成为独特的！

办公室：等我验证一下……完全正确！这正是大多数市民想要的！

大多数人想要什么

他：在下一次的公寓会议上，我会要求将入口涂成黄色。我真的厌倦了白色的墙壁，也因为现在它们充满了丑陋的记号。

她：需要看看别人的想法。在我看来，许多租户更愿意避免新的开支。

他：正是出于这个原因，我才打算在会上讨论这个问题。我将做一次提议：由多数人作出决定。

她：我不想让你因为直接提出把入口涂成一种新的颜色——黄色，而降低成功的几率。如果是我，我会提出两个不同的问题：1. "你想粉刷入口吗？"2. "假如入口需要粉刷的话，你们觉得黄色是否可行？"。

他：要么黄色要么别涂。我对重新涂成白色或任何其他颜色都不感兴趣。

她：我了解这一点。但我仍然建议你做出两次提议，而不是直接要求把入口涂成黄色。

他：我看不出这能有什么不同。如果大多数人同意入口被涂成黄色，那么反正结果就和提议的一样——无论是通过单一的一次提议或如你所说的连续两次提议。

她：不是这样。

他：为什么不是呢？如果大多数租户对你的两个问题回答"是"，那么他们对我的问题也会回答"是"，反之亦然。

她：我也这样想过。但事实证明，在这样的情况下，由于不同的提问方式，我们可能会获得不一样的结果。例如，假设把我们的租户分为三个同样的组。对于我建议你提出的两个问题，A组回答"是"：该组认为入口应该涂漆，并且还认为，如果入口涂漆，黄色将是合适的颜色。B组对第一个问题的回答是"是"，对第二个问题是"否"：这些租户同意重新粉刷入口但不认为应该涂成黄色。最后，C组对第一个问题回答"否"，对第二个问题回答"是"：这些租户是那些不想粉刷入口的人，但他们同意，如果入口涂上了颜色，黄色是合适的。

他：毫无疑问，A组的成员也会对我的单一提议回答"是"，即把入口涂成黄色。然而，B组的成员喜欢不同的颜色，所以他们不认为入口应该涂成黄色。所以他们会对我的单一提议投反对票。当然，C组的成员认为入口必须保持原样，所以也不会考虑我的提议。他们也会对我的提议说"不"。然而，这些租户同意，如果大多数人决定粉刷入口，黄色将是合适的颜色。

她：完全正确，这正是重点。在我们现在想象的情况中，第一个要求和第二个要求都得到了大多数人肯定的回应：第一个要求得到了A组和B组租户的支持，第二个要求得到了A组和C组租户的支持。这意味着大多数人——三分之二——想要粉刷入口，大多数人——仍然是三分之二，但"来源"不同——认为如果入口被粉刷，合适的颜色是黄色。在这一点上，你将能简单地说服管理员去做。但请注意，实际上只有少数人——A组成员，相当于三分之———同意把入口涂成黄色。因此，即使我的提案获得了多数许可，你的提案也会被拒绝。

他：这真是一个奇怪的情况。

她：奇怪，但并非不可能。对我的要求作出肯定回答的大多数人完全可能是两个不同的大多数。那么，一种说法是大多数租户都想要1或者2；另一个说法是大多数人想要1并且大多数人想要2。

他：换一种说法，"大多数"可能是一个含糊的术语。每次当关系到意见的聚合程度时，这种模糊性就会体现出来。

你：可能不会每次都发生，但它的确可能发生。我们还可以说，当意见是关于表达偏好时，如我们的例子中那样，可能会产生解释意见的问题。

他：那么你建议怎么做？如果事情如你所说，我会把我的提议分成两部分，因为在每种情况下我都会得到大多数人的支持。但由于它们是不同的多数，因此得出结论并要求管理员继续进行粉刷将是不诚实的。

她：你是对的，这是不诚实的。我只是想知道他们用这样的技巧欺骗过我们多少次了。

第一条规则

他（气喘吁吁的）：不……罚款一百欧元，我做了什么？

交警：您在禁停区域停车了。

他：怎么会……标志在哪里？

交警：没有标志，这是一项新规定："禁止在公共建筑物前停车"。如您所见，这是一个市民图书馆，所以……

他：但我不知道！人们无法了解所有的新规定！

交警：我相信您。许多公民发现自己很难跟上公共法规领域的最新发展。我们知道这一点，但还是得罚一百欧元。

他：怎么这样，您承认我不知道规定，简而言之我是善意的，但您还是给我同样的罚单？

交警：不幸的是法律就是这样的，公民无权忽视它。

他："公民没有权利无视法律"。在哪里写的？

交警：没有在哪里。

他：所以这不是法律。

交警：不是像《交通法》规定停车那种意义上的。但是，任何公民都不能允许自己不尊重它。而且，我刚才说过，公民没有权利无视法律。

他：您是说过，但如果这不是写在纸上的法律，我没有义务知道它，或者说注意到它。如果我没注意到它，我可以忽略《交通法》。

交通：您想一想。如果这是成文法，会有什么变化吗？

他：在这种情况下公民应该尊重它。

交警：假设我们在一本书中收集了全部法律。第一条法规是："每个人都必须读这本书"。但是假设你忽略了这本书的存在，甚至没有人读这本书，您明白，那么他们都违法了。

他：我明白了，第一条法规是多余的。但这是一个大问题，如果任何地方都没有写，一个人怎么知道他必须尊重法律？

交警：这是法理学的悖论之一。人们只有在了解义务的情况下才能具有义务，法律只有在能被应用的情况下，才有意义，但是没有办法强制执行像第一条规则，即"你必须知道自己的义务"那样的法律。

他：怎么解决？

交警：无法解决。公民无权无视法律是法律存在的条件，也是一个像我们这样的社会存在的条件。这不是一种规则，而是一种做法，一种实践；正如维特根斯坦曾经说过的那样，它是一种"生活形式"。如果对您不适用，它就不是我们生活形式的一部分。当然，您总是可以进行概念革命并试图改变生活形式……

他：但在这以后还是必须找到一种方法来让人尊重新规则。我们就说到这里吧，我相信我会支付这一百欧元的。

那些认为哲学无可救药地脱离共同生活的人只需要打开**制宪**大会的会议记录，看看在我们关于自我的观念——**人、选择、权利**——中的概念如何定义着我们，在我们必须制定规范每个人生活的法律的时候它们扮演着重要的作用——即使是那些对自己的看法与我们不同的人的也同样重要，并且他们使我们产生的想法与我们使他们产生的想法并不相同。例如，我们在几十年间就从**国民**变为了**公民**；我们认为自己是一种新类型的人，拥有新的权利和义务；立法者像哲学家一样努力寻找一种能将**法律**的严谨性和**直觉**的不精确性联系起来的语言。但事实仍然是，我们对于谁代表我们、如何投票、如何处理对法律的尊重和深层次的悖论等，虽然出乎意料，其中一些基本上是以预防的名义介绍给大家的，使我们能够就此沉思，暂停片刻。关于悖论，我们将难以脱离出来，除非阅读——

第八章

承诺是否被遵守最终成为了一个悬置的问题，这取决于逻辑原理以及统治着**真和假**、**已知和未知**的法则，并挑战着**读者**去跨越无法逾越的难题，从而做好准备迎接最终章的烟花。

祝贺第三名

亲爱的校长：

我代表全体人基金会，很高兴地通知您，我们的董事会决定设立15个奖学金，提供给您所直属的学校的学生。每个年级的A，B和C班都能获得一个个人奖学金，奖励给在学年结束时被教师判断为"全班第三名"的学生。

您也许会问：为什么是班上的第三名而不是第一名？因为全班第一名已经有其他上千个机会赢得比赛和奖学金！他们是奖学金垄断者，因为如果他们是最好的，他们总会是第一名。有时第一名会变成第二名而第二名变成第一名，但这始终是最高级别中的挑战。对于第三名来说，他永远无法登上领奖台的最高位置。然而，我们要说：他们也很好！第三名也值得我们的认可和支持，即便只是作为鼓励。所以这就是我们奖学金的动机，我们决定称之为"祝贺第三名"。

真诚的全体人基金会董事长

亲爱的董事长先生：

非常感谢您最近的来信。我们很高兴接受您主持的基金会的慷慨资助，我们相信我们的学生可以从中受益匪浅。我只想提出一个小小的困难。从您的信中我不清楚应该给我们的学生什么样的说明以激励他们。假设奖学金在没有预先通知的情况下，在事后分配是没有问题的。但是，如果要提前公开奖学金的设立——那会带来什么不同呢？——触发竞争机制是很自然的。这是自然而且可预期的。但是虽然争取"全班第一"的称号意味着什么对所有人来说都是清楚的，但我不认为您能就"班级第三"的称号说同样的话。您难道不认为这会存在一种风险，导致班级的第二名将同时追逐这两种称号吗？事实上，存在一种风险，"祝贺第三名"奖学金最终会成为一种抑制因素：当只需要变得更糟并且获得第三名时，为什么要尝试变得更好并击败第一名呢？

友善的ABC小学校长

亲爱的校长：

谢谢您的回复。我们意识到了难处，但我们似乎能够安心地向您保证，从附带的说明性陈述中您可以看出，"祝贺第三名"奖学金的数额是按照那些奖给第一名的奖学金中的最低数额的三分之一计算出来的。这正是因为我们认为很重要的一点是，我们的奖学金不能干扰争夺第一名的神圣冲动。我们确信即使是班级中的第二名也会以同样的方式思考。

敬礼

全体人基金会主席

亲爱的老师：

我是四年级B班的妮奈达，我写信给您，是因为今年我又对我的成绩单感到非常失望。三年来，我在班级一直排名第三，而我的两个最好的朋友露露和本杰明分别是第一和第二。今年我竭尽所能，希望能够确保我第三名的位置，从而至少赢得"祝贺第三名"奖学金。然而不幸的是，露露数学的最后一题交了白卷，最终在班级排名第三，像往常一样优秀的本杰明拿了第一名，所以我排在第二名，于是我再次什么也没有拿到。这真的不公平，您不会要告诉我，为了赢得这个奖，我也应该交白卷吧？

谢谢

妮奈达

亲爱的妮奈达：

恐怕事情就是这样的，你本应该交白卷。要当第一很难，但从某种意义上说，争夺第三名更加困难。

这是挑战中的挑战，这一点露露从一开始就明白了。无论如何，不要把它放在心上。我刚收到一份通知，校长告知我们"祝贺第三名"奖学金将会取消，并且明年将有一项名为"差一点万岁"的新奖学金，将被分配给最近取得进步的人。你可以想象，这有点冒险。但是这个奖的金额是班级第一名的奖学金的三倍！你理解得没错：是"祝贺第三名"的九倍！

祝你好运

你的老师

安慰剂效应

药剂师：早上好！我能为您做什么？

他：我想要一包安慰剂。

药剂师：什么？

他：安慰剂，安慰剂。那些看起来像药物但不含有效成分的淀粉丸。但它们仍然有用。总之，它们会产生改善，因为它们会产生安慰剂效应。

药剂师：是的，当然，我也知道安慰剂是什么……听着，您介意等一下吗？

他：可以，但我赶时间。我头疼得厉害，我真的想吃几粒药。不管怎么说，反正它们不会对我有害，对吗？

药剂师：不，不……（他退到后面的房间，与上司商量）医生，还有另外一个想要安慰剂的人。

医生：还有？但这是今天的第三个了。

药剂师：我相信他们是许多人中的头一批。我想我明白了，许多人已经阅读了关于实验的消息，这则消息说明了为什么安慰剂确实改善了患者的情况，即使它不含任何有效成分。

医生：啊，是的，实验。他们告诉了我这件事。只需要想象自己正处于获得缓解的边缘，大脑就会释放具有镇痛作用的天然阿片类物质。精神上的预期治愈就已经在治愈。这有什么问题？难道我们不应该给有需求的顾客提供安慰剂吗？

药剂师：抱歉，但事情并非那么简单。我们可以给他们安慰剂，但我们不能告诉他们这是安慰剂。

医生（心不在焉地听，她正在签署文件）：有什么不同？

药剂师：非常不同。安慰剂效应只有在一个人真正觉得它能治愈他时才会有用。也就是说，只有当他认为他吞咽的不是安慰剂时。如果一个人知道他服用的是安慰剂，那么他就不再期待治疗的结果，那么效果也就再见了。

医生：您是对的。安慰剂效应是谎言的效果。不知道或得到虚假信息，有时可以有很好的效果。

药剂师：但是这会给我们的职业带来道德冲突，您不觉得吗？如果我们"正确地"提供了安慰剂，也就是说，没有告诉患者这是安慰剂，我们就违反了一个基本的道义原则，即给患者正确的信息。

医生：简而言之，我们如何摆脱它？

药剂师：我忘了我的客户！（回到商店）对不起，

我让您久等了。

他：您瞧，我听到了一切。

药剂师（尴尬）：那么……

他：那，安慰剂效应再见了。

药剂师：我很抱歉。（想了一下）但是，不好意思，您来到这里时知道自己会买安慰剂，不是吗？

他：当然。我本来确信这对我有好处，尽管我完全不知道它是如何起作用的。现在我明白了事情是怎么回事，我担心安慰剂不再对我有任何影响。请给我一般的镇痛药，别再谈论它了。

药剂师：等一下，我有一个建议给您。或许对您来说这是一个足够好的解决方案，您有头疼，又不想服用太多药物，而对我来说，我会面临道德问题而且我不想对您撒谎。

他：请告诉我。

药剂师：是这样。我给您机会在这三盒药物之间抽签，其中一张签上写的是安慰剂，另外两个则是强效的镇痛药。但实际上，在我的这一组药中，我放了两盒安慰剂和一盒真正的药。通过这种方式，我对您撒了谎，但只是在一定程度上：比起我对您说我没有给您任何安慰剂来说，是个更小的谎。简言之，有三分之二是真的。同时，以这种方式也能保证有良好的安慰剂效果，因为您无法区分药物。我保证您有三分之二的安慰剂效应，相对而言，有三分之一的可能性是服用真正的药物。您觉得怎么样？

他：让我想一想。这意味着如果我们继续使用这个方法几次，在三次中只有一次我会得到真正的药。我觉得是个好主意。

药剂师：好极了。那么您想要哪一张签？

他（犹豫）：等一下。您告诉了我您在骗我，您清楚地告诉我，甚至说明了您对我撒谎的程度，因此我不能相信您。所以我现在预期我有三分之二的可能得到安慰剂，而不是像您告诉我的有三分之一的可能。如果是这种情况，那么我们又回到了原点：对我而言，安慰剂只能达到预期效果的一半……

药剂师：您是对的，我想我的提议毫无用处。不幸的是，我无法做得更好：我不知道如何以符合道德标准同时有效的方式给您安慰剂。

他：我也担心，也许您应该对我撒谎。但是，我感谢您的诚实和信息：如果没有别的，我现在有了更清晰的想法。我再仔细一想，我的头痛也已经过了。

有趣

在书店，她贪婪地翻阅着一本书，另一位顾客走近了她。

顾客：这本书怎么样？我看您被吸引了，有趣吗？

她：您瞧，不要跟我谈有趣的书。我花了一个小时寻找有趣的书，结果连影子都没有看到。

顾客：显然您从未读过这个。您看到了吗？在这里，它的一切，我是说一切，都很有趣。

她：有趣……如果您能好心向我解释一下怎么能写得这样荒谬的话，也许我就终于可以买到点什么了。

顾客：很简单。（带着卖弄的神气打开一页，显然是随机的）让我们从数字开始。让我们先随意假设，有些东西并不有趣。在这种情况下，我们可以列出一个列表，从最小的开始给它们排序……

你：……如果有无数无趣的东西，我们就永远无法完成这样的清单。

顾客：没关系。出于推理的目的，重要的是列表有一个开头，而不是结束。事实上，这个列表的第一个数字是所有无趣数字中最小的数字。但这是一个非常有趣的特性，您不觉得吗？一个拥有有趣的属性的数字肯定是一个有趣的数字。根据定义，这个表上的数字是无趣的，由于这与这个数字属于这个列表的事实相矛盾，我们将被迫放弃一开始的假设，或者得出结论，无趣的数字的列表必须为空。正如您想要的证明。

　　她：很有意思，但数字是一回事，剩下的又是一回事。我不是在寻找一个有趣的数字，而是一些有趣的读物。

　　顾客：当然，但数字的例子只是一个开始。（深思熟虑地暂停了一下，然后重新开始）同样的推理也适用于书籍。在这种情况下，运用出版日期就足够了。如果有一些书籍是无趣的，我们可以编制一个按时间顺序排列的列表。这份清单的第一个要素是所有无趣的书籍中最古老的。这还不够吗？有些收藏家会花一大笔钱买上一本的。一本非常有趣的书，以它自己的方式。

　　她：（有点失望）以它自己的方式。

　　顾客：有趣的是，类似的推理适用于任何对象。您认为无趣的任何对象都可以是长列表中的第一个，这会自动使其变得有趣。并且请注意，每组对象都允许被按照某些列表进行排序，这告诉了我们集合论的一个重要原则，选择公理。

　　她：（浏览一本关于数学哲学的书）这里写的是

"选择公理是一个重要的原则但值得怀疑"。但是，我当然不想质疑您的论点的有效性。我不明白它的相关性。我来这里寻找一本非常有趣的书，我的意思是，它必须易于阅读，但同时又深刻且引人注目，不幸的是，到目前为止我浏览的书籍并不符合这种描述。您的意思是，尽管如此，它们都很有趣？

顾客：以它们自己的方式，是的。这有点像在学校他们教我们说每个人都很有趣，因为每个人都是独一无二的。班级的第一名很有趣，因为是第一名；最后一名很有趣，因为是最后一名。而这个班级中的第三名也以自己的方式很有趣：第三名是唯一一个出现在第二名之后第四名之前的。

爱管闲事的人（从书架冒出来，弄掉了一堆书）：但是我们也可以不用选择公理。对于每个人，我们可以关联一个非常小的列表，这个列表只包含这个人作为单一元素，这就足以让我们说："多么有趣的人，它是唯一出现在此列表中的人"。这同样适用于任何对象。（收集他弄掉的书）给您，拿着，它们都是非常有趣的书。

顾客：我都没有想到它。事实上，您对一切都很有趣的证明更具说服力，正是因为它不依赖于选择公理。

她：是否因为这样你甚至不需要调用列表。我会找到最有说服力的论据，如果完全是基于这样的考虑：每个对象，即使是最平庸的，都可以用一种让它变得有趣的方式来描述。弗朗索瓦·勒·利奥奈将他题为"非凡的数字"的乌力波作品献给了有趣的数字们，但神童计算者威廉·克莱因正确地观察到，通过一点点努力，我们可以使每个数字都变得有趣，并且不仅仅是您的归谬法论证的一般意义上。例如，这里写的是3844，对于许多人来说，它看起来像是一个与任何其他数字一样的数字。然后来了一个克莱因这样的人，他说"天哪，62的平方"，这就使得3844突然之间对我们来说远非平庸。

爱管闲事的人：或者拿今天的日期举例：2002年9月23日。

顾客：那又怎样？

爱管闲事的人：怎么不？23.9.2002①！取前两位数23并将它们乘以反写的最后两位数20，我们得到了460，正好是其余三位数字920的一半。有意思，不是吗？

顾客：在我看来这个推理有点曲折。

她：只是因为我们的日历是这样组成的：三十天，十二个月，一个世纪，一千年。如果我们在不同数字的基

---

① 意大利人的一种日期书写格式是：日−月−年。

础上移动，我们将有无限种其他描述的可能性。例如，如果我们根据朱利安历法连续计算日期，明天我们将有一些值得庆祝的事情。

顾客：明天？2002年9月24日？

爱管闲事的人：在朱利安历法中，它是第2452542天。在不久的将来的第一个回文数。

顾客：这只是证实了我在开始时说的话。每个数字都很有趣，适用于数字的内容也适用于任何其他对象：每个对象都可以以绝对单义的方式描述，这足以让它变得有趣。例如，这本书有一个有趣的特点……让我们看看……

爱管闲事的人：……距离那本蓝色封面的书正好是25.4厘米，如果测量两个封面最近点之间的距离的话，换句话说，整整10英寸。哇！

她：但是，当我说我正在寻找一本有趣的书时，我的意思是我正在寻找一本有趣的书，不管它是如何被描述的，而且与它可以被插入的列表无关。它必须具有内在的有趣的属性，而不是相对于此或相对于彼的有趣性。

顾客：一本书怎么能内在的有趣？不同的人有不同的品味和兴趣，因此一切都是相对的。

爱管闲事的人：对不起，我们暂停一下。您的书不是表明一切都很有趣吗？如果是这种情况，那么与有趣的属性相关的事物就没有区别。如果所有的书都很有趣，并且如果有趣需要某种原创性或新颖性，那么就有趣的属性而言，这些书都是无趣的或无聊的。

她：您刚刚递给我的一本书支持了这一观点，它的标题是：一切都很无趣，这确实非常特别。谢谢，我相信我终于找到了适合我的书。

自我指涉的自我解释

1．我在这里。请原谅我有点突然的打断。但我必须说，我很高兴成为这次对话的第一段。

2．你真有福。我一点都不高兴成为了第二段。更糟糕的是，事情已经是这样了，没有什么可做的了。我将永远留在这里！

3．你想表达什么？

4．你不用再问他问题了，他的轮次已经过了，他再也不能回答你了。至多，可以由我来回答你。我告诉你吧：一个文本不能与它所是的样子不同，甚至不能再多一个单词或少一个逗号，因为那就已经是另一个文本了。如果它说自己是对话的第一段，那么它永远不会是第二段，或者第三段，就像一段自称是第二或第三段的段落一样，这一段也永远无法成为第一段。例如，我是这次对话的第四段，因为我明确地表达了这一点，我无法想象我取代你的位置的情况。

5. 但我没有这个限制，对吗？我没有明确说出我出现在对话的哪个部分，所以我可以出现在其他地方。

6. 好主意。我同意！

7. 不好意思，但我相信你们犯了一个错误。在我看来，前面的段落也可能出现在对话的不同点上。例如，第一段很可能出现在第二段的位置。在这种情况下，显然，内容会发生变化，并且关于段落的决定性断言将变为错误。但这并不意味着这种情况是不可想象的。毕竟，有很多虚假陈述。事实上我自己就是假的，因为我现在告诉你们我属于这个对话的第六段；这只是为了惹恼你们。所以我会这样纠正第四段的论点：文本确实永远不能与它自己不同；但在其他情况下，它完全可以说与它所说的不同的东西，因此即使它现在是假的，也可能是真的，反之亦然。是语境设定了真理的意义和因素。因此，作为一个特例，对话的第二段很可能在与其现在出现的不同地方出现。

8. 慢点，我的脑子冒烟了。

9. 我也觉得难以理解：一篇文章怎么能说出与它所说的不同的东西？

10. 我想我明白了。跟随我的两段，即第十一和十二段，是相同的。但是，一段说了真话，而另一段说了假话：这完全取决于它们在对话中的位置。通过类比，同一个句子可能是真的或是假的，取决于它出现的上下文。

11. 所以我是这次对话的第十一段。

12. 所以我是这次对话的第十一段。

13. 这真的很棒！如果仔细思考一下，也可能两个恰恰相反的文本都是正确的。如果我没有弄错，以下的两个陈述就是这种情况。

14. 我是这次对话的第十四段。

15. 我不是这次对话的第十四段。

16. 真棒，你们几乎接近成功了。的确，你们都是真的。但要小心：如果你们再思考一下，你们说的并不是相反的话。你们中间的第一个，也就是第十四段说了些他自己的事情，而第二个，即第十五段谈到的是自己。你们使用了相同的词，但事实上你们指的是不同的东西，因此你们不能自相矛盾。如果你们都是真的，那就不足为奇了。另一方面，我非常确信如果两个陈述确实相反，那么两个陈述不能同样正确或同样错误，例如，如果一个说雪是白色而另一个说雪不是白色。

17．那些既真又假，也就是说同时是真与假的陈述呢？

18．当然！想想骗子悖论。

19．什么是"骗子悖论"？

20．这就是。我告诉你我在说谎。

21．如果你是真的，那么事情就像你说的那样；你确实撒谎了，因此你必须是假的。另一方面，如果你是假的，那就意味着你撒了谎；那么事情就像你说的那样，因此你必须是真的。简而言之，如果你是真的，你就是假的；如果你是假的，你就是真的。这就是悖论。

22．因此，当一个人说他撒谎了就会出现悖论？

23．一般来说是这样。不过，会有许多变体，其中一种也属于这个悖论，但没有直接谈论自己。例如……

24．例如，我说下面的句子是假的。

25．我说上一句话是真的。

26．不可能！如果你们中的第一个说的是真的，那么第二个说的必须是假的，这意味着第一个是假的而不是真的。相反，如果前者说的是错误的，那么后者说的必然是真的，这意味着前者是真的而不是假的。简而言之，你陷入了一个恶性循环，只有你是假的，你才是真的。不可能！

27．我会说，是相互矛盾的。

28．因此，我们永远不能谈论自己——或谈论我们的文本——而不陷入矛盾的情况之中？

29．除非没有同时既真又假的句子。

30．不，停下，这将是一个仓促的结论。谈论我们可能会有风险，但在某些情况下，不存在任何问题。例如，这次对话的第一段谈到了自己而没有陷入任何悖论。我们小心不要把孩子和脏水一起泼掉了……

31．我也不会陷入悖论：我说我是由二十三个字组成的句子。①

32．你是对的！

33．那么我也说我是由二十三个字组成的句子。

34．你错了！但是你并不是矛盾的；你只是假的。

35．我也不是矛盾的：我说下面的句子是假的，正如第二十四段所说的那样。

36．我说雪是红的。

37．因此，悖论部分也是运气问题。不仅一个句子的真假取决于它出现的上下文，如第十一和第十二段的情

---

① 本句话由23个汉字组成，原文为16个单词组成。

况。一个句子是否矛盾也取决于上下文，例如，取决于下一句话所说的内容，如第二十四和第三十五段的情况。这两个句子中，第一句陷入了恶性循环；第二句则没有。

38．正是。句子所表达的东西取决于上下文。如果我们看一下上下文，那么第二十四和第三十五段根本就不是说的同一件事，正如第十四和第十五段根本不是说的相反的话。

39．事实上，人们可以想象一个陷入了悖论但没有陷入恶性循环的情况。想想一个永无止境的对话，或者我应该说一个谈话？其中每个句子只说下面的句子都是假的。当然没有循环，因为它是一个无限的序列。但结果同样是矛盾的，一方面，序列的所有句子不可能都是错误的，因为接下来的任何句子都是假的，那么这句话就是真的；另一方面，这个序列中没有一个句子可以是真的，因为如果它是真的，它后面应该只跟着假的句子，但它后面的句子中有任何一句是假的都意味着它后面的句子中至少有一个句子是真的。矛盾，但没有循环。

40．事实仍然是，每个句子在序列中的位置对于悖论至关重要……

41．这恰恰是刚才所谈的对上下文的依赖。我相信我终于把握了这个概念。在任何情况下，为了避免任何问题，我永远不会谈论句子、陈述或段落，而只讨论具体的事情。我只会说：雪是白色的。太阳很热。君士坦丁堡大主教从未废除过君士坦丁堡的主教。我很注意区分语言和元语言。

42．我不想反驳你，但你刚才自相矛盾了……

43．祝你们玩得开心。但我真的受不了了。我很失望，因为我是这次对话的最后一段。更糟糕的是，事情已经是这样了，没有什么可做的了。我将永远留在这里！

44．那我呢？

一次无法预测的拜访

她：今天我遇到了你那个无聊的同事，他说下星期要来拜访我们。

他：他什么时候来？

她：我不知道。他说他将在下周的某一天访问我们，但没有给我们机会预测他会在什么时候来，所以他的拜访将是一个惊喜，他是这么说的。下个星期还没到呢，它就几乎毁了我。

他：不，不要担心。如果你好好想想，他永远无法访问我们。他说他想让我们感到惊讶，不是吗？那么，今天是星期天。所以可以肯定的是，他不会在下周日来，也就是最后一个可能的一天：否则星期六晚上我们将能够确定地预测他拜访的日子。我们在访问之前会知道，因此我们会做好充分的准备，这就与他自己的承诺相反了。

她：这就意味着他最后一个可能访问我们的一天是星期六。

他：但显然这个假设也必须被抛弃，否则在星期五晚上我们就能做出准确的预测：那时，事实上，只剩两个天了，正如我们所说的那样，其中一天——周日——被排除在外。既然他说他想让我们感到惊讶，那很明显也不会是星期六。所以他也不会在星期六来。出于同样的原因，我们可以肯定他也不会出现在星期五，也不会出现在星期四，以此类推，直到周一。所以我们没有什么可担心的：他永远不会拜访我们。

她：等一下。如果有一天晚上他来到我们家门口，推翻了你的推理呢？

他：但我刚刚才向你解释了，他永远不会出现，否则他就违反了自己的承诺。

她：我不太确定。假设周四他真的来了。既然我们确信星期四他不会来，这件事就会让我们感到意外了。

正是因为他会让我们感到惊讶，他可以说他信守了诺言。如果它发生在星期天或任何其他日子也一样，正是因为你的逻辑声明不可能有一次突然的拜访，所以这次拜访会让我们感到惊讶：这将是一个惊喜，正是因为你错误的推理。

他：抱歉，但你觉得哪里错了？

她：首先，在我看来，如果你的同事曾威胁要在任何未来的某一天来拜访，而不是在下周的某一天，或者在任何情况下一段确定的时期，你的推理就不会站得住脚。推理向后退，首先丢弃最后一天，然后倒数第二天，依此类推，直到第一天。如果没有最后一天，那么推理就没有了第一步。

他：我不同意。既然我们不会永远活着，我的同事的承诺就应该在有限的时间内完成。所以我们完全可以延伸推理，从我们选择的遥远的未来的某一天开始，还是会获得完全相同的结果。

她：你是对的，延长时间并不会改变问题的本质。并且甚至缩短时间问题也不会改变。假设他曾说："我明天或后天会来，但我想给你们一个惊喜，我不会告诉你们我什么时候来。"根据你的推理，我们会排除后天和明天，然后得出结论，你的同事不会来。但显然没有什么能阻止他出现并让我们对他的拜访感到惊讶。只有当他说"我明天会来，但我想让你大吃一惊"时，我们才能提出不同意见。明天你的同事不会来，否则他就自相矛盾了。

他：所以错误出在哪儿?

她：也许部分答案隐含在我们对后一种情况的解释中。结论的正确表述并不是明天你的同事不会来；而是，如果他来了，他会自相矛盾。或者更好的说法是，他不会信守承诺，让我们感到惊讶。解释是至关重要的，因为显然你的同事可以自由地到来也可以自由地缺乏信用。因此，即使承诺发生在一周之内，根据你的推理，我们可以得出的结论并不是你的同事不能在星期天来，而是除非他要使自己的承诺无效，否则他不能在星期天来。他也不能在周六来，除非他要使自己的承诺无效。以此类推：除非他要使自己的承诺无效，否则他不能在一周中的任何一天来。但是，这并不排除他来的可能性。

他：你是对的：他可以缺乏信用并且来了。不幸的是，所有人都可以自由地缺乏信用。

她：这解释了你的推理中隐藏的部分错误：你的同事在星期四晚上出现的事实或假设与逻辑不矛盾，因为逻辑只排除了他可以在信守承诺的前提下出现的情况。但事实不是到此为止。不幸的是，正如我们所看到的，假如在周四出现的话，你的同事根本就没有违背他的承诺。不管怎么说，那仍然是个惊喜。

他：我觉得似乎陷入了一个恶性循环。如果我们假设他会遵守诺言，那么我们逻辑上推断他将无法来拜访，但这会违反承诺本身。但是，如果我们假设他不会信守他的承诺，那么我们将不再有合理的基础来推断他将在哪一天来，然而这将证实承诺本身。简而言之，如果我的同事遵守承诺最终就会违反承诺；但是通过违反它，他最终能遵守它。

她：似乎是个真正的骗子悖论。

他：如何摆脱它？

她：在这一点上，在我看来解决方案是显而易见的。错误在于你推理的第一步。我们不仅不能确定你的同事将无法在星期天来。我们甚至无法肯定地推断出他不会在不违背承诺的情况下在星期天来。一旦星期六晚上到了，我们所能得出的唯一结论就是："要么明天你的同事会来，但我们现在不知道；要么明天你的同事不会来，但我们现在不知道；要么明天你的同事会来，我们现在已经知道了——但事实并非如此，因为他很可能不会出现；要么明天你的同事不会来，我们现在已经知道了——这也不是真的，因为他可以自由地来"。前两个假设是唯一可能的假设。

他：如果确实第二个假设出现了，那意味着我的同事是个骗子，因为他不会信守对我们的承诺，第一个假设的出现恰恰相反，他来了，并且带给我们意外，就像承诺的那样。

她：正是如此。道德，亲爱的，这完全取决于我们正在打交道的人的人品。你这个无聊的同事是骗子，还是他是一个通常信守承诺的人？

施了魔药的蛋糕

她：真是一顿丰盛的晚餐，我不知道该怎么感谢你。

他：不用不用。你知道我喜欢做饭。

她：是的，但我真没想到你这么能干。最重要的是，我没想到甜点会那么好吃。你的萨赫蛋糕是我吃过的最好的，你知道我很爱吃这个的。

他：我很荣幸。所以你没觉得有什么奇怪的味道？

她：奇怪的味道？绝对没有，它真的很好吃。你为什么这么问我？

他：我必须向你承认一件事。也许萨赫蛋糕被施了魔药，如果这样能让你听明白的话。

她：什么？

他：看到这个瓶子了吗？里面有我的一些神奇药水。只需摄取几滴，在不到一个小时的时间内，你就会发现自己的皮肤上长满了绿色的头发。有可能我不小心在巧克力奶油的混合物中加入了几茶匙药水。

她：几茶匙？绿头发？这是些什么笑话？但是……看，我刚刚很清楚地看到了：你也吃了萨赫蛋糕。你不会要告诉我你打算把我们俩都变成毛茸茸的野兽吧？

他：显然不是。我没有说我真的给萨赫蛋糕施了魔药，我只是说有可能。无论如何，有一种解药，它就在这个小盒子里，摄取一片就足够了，药水的效果就会被取消。当然，要在一小时内吃。

她：那就给我一颗药丸，我立刻就吃。我一点也不喜欢这个故事。

他：等等，等等，我还没有说完。解毒剂仅适用于药水的实际摄入者。不幸的是，对那些没有摄入它的人会有致命的副作用，他们会完全秃顶。

她：越来越精彩了，能知道你到底想干什么吗？

他：让我们这么说，我知道萨赫蛋糕中是否真的有药水。所以我知道我是否要服用解毒剂。是你不知道。但是我向你保证一件事：在并且只有在我预见到你会服下解毒药水的时候我才把药放进去的。

她：再解释一下。

他：你知道我喜欢做预测，而且你也知道我是无与伦比的。例如，我打赌了你会在8点、32分、正好12秒的时候来吃晚餐，事实证明正是如此。所以，我想做出我的预测，关于你服用或不服用解毒剂。如果我已经预见到你会服用它，那么我就将魔药溶解在了萨赫蛋糕的混合物中，这样解毒剂就不会有任何副作用，你不会冒任何风险，我不想让你变成秃头。相反，如果我预见到你不会服用解毒剂，那么显然我没有放魔药，我当然不希望你的皮肤被绿色的头发覆盖。所以只要你按照我的预期行事，你就不必担心。

她：那你期待的是什么？

他：我不会告诉你这个。

她：但是，那么谁来保证我会像你所预见的那样做呢？

他：这正是重点。我不能说别的，你必须相信我的预测技巧。那么你会做什么呢，吃不吃解毒剂？

她：我将会……我将会学你。

我们无从得知我们的两个角色所做的决定。但无论如何，重要的是她做出了正确的决定，即使不是那么的自主。这也是需要**逻辑**的地方：每当思想的小径分岔时，选择正确的道路。亚里士多德认为**逻辑**是一个真实的有机体并非偶然，他认为逻辑是做出**正确推理**的实用工具，而正是推理使我们从真实到真实，或从已知到真实，而不是从真实到虚假。这并不意味着在这项活动中，人们有时不会发现自己甚至怀疑最简单的事情，或者慢慢地陷入悖论的流沙，就像不受欢迎的访问的故事所表明的那样。但是，让我们说，逻辑不仅仅是一种实践，它也是一种理论。这种理论的对象不像其他理论，如物理学，还有心理学和社会学那样与现实世界重合，而是倾向于拥抱一个有所有**可能性的**世界的宇宙。**逻辑**告诉我们什么是**可能的**，什么是不可能的。在这样做的过程中，它迫使我们扩展我们的思想视野，克服我们的狭隘观念，自由思考，推动自己超越**浅显**。但不应该抽象地讨论这些问题。我们的故事确实有一个——

结　尾

不可言说的爱管闲事者的真实身份终于被揭示了，此外，一个永恒的道理是，在热情高涨地引导**青少年**们进入文化**事业**之前，最好进行一次简单但一丝不苟的对**逻辑**法则的复习。

万能酸

来自：研究和开发部门

致所有部门：

各部门请知悉，今日万能酸的专利已注册，这是我们历时五年开发出的产品，公司投入了大量资金。我们很高兴地宣布该产品已通过所有测试。它腐蚀了我们所知的所有天然和合成材料，在所有现有的膜上都能留下洞。对于涉及腐蚀的所有流程来说，这是一项革命性的产品。我们现在将进入生产阶段，我们希望附属机构的所有部门都为发布做好准备，特别是公共关系部。

来自：领导办公室
致研究和开发部门：

祝贺该项专利！

来自：爱管闲事的人
致领导办公室：

我想恭敬地指出，在投入生产之前，我们应该检查技术问题。如果这个酸是万能的，我们如何把它商品化？因为如果它真是万能的，那么它将腐蚀一切，也包括任何您打算用来装它的容器。

来自：研究和开发部门
致所有部门：

各部门请知悉，今日万能容器的专利已注册，这是我们历时五年开发出的产品，公司投入了大量资金。我们很高兴地宣布该产品已通过所有测试。它耐得住我们所知的所有天然和合成酸。对于涉及防腐蚀的所有流程来说，这是一项革命性的产品。我们现在将进入生产阶段，我们希望附属机构的所有部门都为发布做好准备，特别是公共关系部。

来自：领导办公室

致研究与开发部：

太棒了！这样我们也解决了爱管闲事的人在他的信中提出的问题。多亏了万能容器，我们可以制造适合万能酸的包装。我们公司的各个工作组终于能在一个协调的项目中进行合作了！

来自：爱管闲事的人

致领导办公室：

我想恭敬地指出，我们的公司最终不会像看起来的那样运行良好。我们投资了万能酸和万能容器，但似乎那些工作于第一个项目的人里没有一个知道那些工作于第二个项目的人，反之亦然。那么，在生产和销售它们中任何一样之前，要面对一个绝非次要的问题。如果酸真的是万能的，那么它会腐蚀一切，甚至是万能容器，这样的话这个容器就不是万能的了。另一方面，如果容器真的是万能的，那么它就不会被任何东西所腐蚀，甚至不会被万能酸腐蚀，这样的话这个酸就不是万能的了。我认为我们必须做出选择：如果我们同时生产两者，就不得不背叛我们一半的潜在客户。

来自：领导办公室

致爱管闲事的人：

　　亲爱的爱管闲事的人，我们很想当场解雇您！我们不能允许怀疑和失败主义渗透进我们公司。我们在这两个优秀的项目中采用了这么多方法和人员，我们不会因一个语言上的强词夺理而气馁。腐蚀，不腐蚀，万能，不万能；最终公众想要的是明确的产品：一种能腐蚀一切的酸，以及一种不被任何东西腐蚀的容器。而这两种东西我们都会给他们的！

来自：爱管闲事的人

致领导办公室：

　　亲爱的领导，我并不想质疑我们的研究人员的经验或公共关系部的诚意。我只负责我们公司的哲学探讨。我们所讨论的问题不是科学问题，也不是市场问题，而是一个逻辑问题。这两个项目原则上都是可以实现的；但原则上两者也都是无法实现的。

后　记

如果这里叙述的一些事件看起来有些不切实际，请女孩和男孩们不要生疑：我们的**人物**不知道该如何为他们的某些古怪之处请求原谅，于是就引用了一些**古典和现代文本**，其实如果忽略在故事中的称呼，仔细思考，就会发现这些文本就隐藏在我们的字里行间。以下是相关的哲学家：马修·斯莱特（Matthew Slater）（《88号房间》），大卫·查尔默斯（David Chalmers）（《僵尸安眠药公司》），内德·布洛克（Ned Block）（《反射》），克里斯蒂安·李斯特（Christian List）和菲利普·佩蒂特（Philip Pettit），以及距离现在遥远的孔多塞侯爵和让-夏尔·德·波达（Jean-Charles de Borda）（《大多数人想要什么》）。我们也感谢迭戈·马可尼（Diego Marconi）（《新卫星》的一段引用自他的著作，即使需要注意的是一种亚里士多德式的区分）。善良的**卡斯托尔迪零售店的售货员**的原型是哲学家保罗·格莱斯（Paul Grice）。我们十分感谢安德列·保纪尼（Andrea Borghini），在《有趣》这个故事中他穿上了爱管闲事者的外衣。所有数字都很有趣的推理要归功于爱德温·贝肯巴赫（Edwin Bechenbach），而在《自我指涉的自我解释》的段落中，隐藏着索尔·克里普克（Saul Kripke）、格雷厄姆·普列斯特（Graham Priest）和斯蒂芬·亚布罗（Steven Yablo）的学说，更深层次的还有让·布里丹（Giovanni Buridano）的学说。此外，我们还感谢威拉德·范·奥尔曼·奎因（W.V.O. Quine）和尼可拉·艾默拉（Nicola Aimola）（《一次无法预测的拜访》）和威廉·纽科姆（William Newcomb）（为《施了魔药的蛋糕》）。最后，《万能酸》的灵感来自于丹尼尔·丹尼特（Daniel Dennett）的一个隐喻。

作者们同样不会忘记一些**朋友们**，他们以各种方式同意陪伴作者们写作这些文字：John Collins，Maurizio Ferraris，Philip Kitcher，Nico Pisanelli，Maurizio Giri和Goffredo Puccetti。Beatrice Biagini是两位作者之一的缪斯，他希望再次见到她为一些小小的哲学意外而**微笑**。而另一位作者的缪斯们则是Amelie，Flo-rian和Friederike，以及那些让他和缪斯们得以相聚的火车和飞机们。

许多故事在《新闻报》上以不同的形式出现过，伴有Matteo Pericoli的插图，我们十分感谢他，以及Gianni Riotta，Marcello Sorgi，Cesare Martinetti，Alberto Papuzzi和Maurizio Assalto仁慈的支持。

Anna Gialluca为本书的成书提供了很好的建议和鼓励。

《自我指涉的自我解释》最初在《美学杂志》（RivistadiEstetica，第18卷，2001年第3期）上发表，此处获得了Rosenberg&Selier出版社的许可。《一个无用的计划》的一个英文版本曾出现在《哲学》杂志上（第76卷，第298页，2001年），在剑桥大学出版社的同意下转载。